생기 넘치는 교회의 4가지 기초

A Well-Ordered Church

생기 넘치는 교회의 4가지 기초

지은이   윌리엄 보에케스타인, 대니얼 R. 하이드
옮긴이   조계광
펴낸이   김종진
디자인   이재현
초판 발행 2020. 2. 1.
등록번호 제2018-000357호
등록된 곳 서울특별시 강남구 선릉로107길 15, 202호
발행처   개혁된실천사
전화번호 02)6052-9696
이메일   mail@dailylearning.co.kr
웹사이트 www.dailylearning.co.kr

책값은 뒤표지에 있습니다.
ISBN 979-11-89697-03-7 03230

개혁된
실천
시리즈

건강한 교회 생활의 개혁된 실천

생기 넘치는 교회의
4가지 기초

A WELL-ORDERED CHURCH

윌리엄 보에케스타인, 대니얼 R. 하이드 지음
코르넬리스 베네마 서문, 마이클 호튼 후문
조계광 옮김

개혁된실천사

목차

4부 활동

복음서에서 주목할 만한 성경 본문 가운데 하나는 베드로가 예수님을 "그리스도"로 고백한 내용이 기록된 마태복음 16장의 기사다. 그 본문에서 예수님은 제자들에게 "사람들이 인자를 누구라 하느냐"라고 물으셨다. 그것은 예수님의 신분과 사명에 관한 질문이었다. 그러나 베드로가 예수님을 "그리스도시요 살아 계신 하나님의 아들"로 고백하자 주님은 "이 반석 위에 내 교회를 세우리니 음부의 권세가 이기지 못하리라"(마 16:18)라고 말씀하셨다. 짐짓 화제를 바꾸어 말씀하시는 것처럼 보이지만, 이것은 자신의 참된 신분을 밝힌 베드로의 고백을 "반석"으로 삼아 그 위에 교회를 세우시겠다는 약속이었다.

나는 "짐짓 화제를 바꾸어 말씀하시는 것처럼"이라는 표현을 의도적으로 사용했다. 왜냐하면 엄밀히 말해 예수님은 화제를 바꾸지 않으셨기 때문이다. 예수님은 하나님의 아들이시고, 성부께서는 자기 백성을 죄에서 구원하시려고 자기 아들을 세상에 보내셨다. 따라서 예수님의 신분과 사명은 하나님의 백성을 불러모아 교회를 세우는 일과 밀접하게 연관된다. 예수님은 자기 백성을 불러모아 자신의 소중한 소유로 삼으시는 분이다. 그리고 예수님의 사명은, 죄에서 구원하신 자신의 백성을 모으고, 보호하고, 보존함으로써 교회를 세우시는 것이다.

마태복음 16장의 본문에서 주목할 만한 사실은 교회를 배제하고서는 기독교 신앙이나 예수 그리스도를 믿는다는 것의 의미를 올바로 이해하기가 어렵다는 것이다. 교회는 거부하고, 그리스도만을 받아들이는 것은 불가능하다. 그리스도에 관한 교리("기독론")와 교회에 관한 교리("교회론")는 떼려야 뗄 수 없는 관계이다. 성경의 그리스도 외에 다른 그리스도는 존재하지 않으며, 그분의 사명은 "성령 안에서 하나님이 거하실 처소"(엡 2:22), 곧 교회를 세우는 것이다.

따라서 미국의 복음주의자들이 교회가 신자들의 삶에서 필수적인 위치를 차지한다는 사실을 옳게 인식하지 못하고 있는 현실은 참으로 개탄스럽기 그지없다. 요즘에는 교회를 임의 단체처럼 취급한다. 즉 원하면 참여하고, 싫으면 떠날 수 있다는 것이다. 그리고 지역 교회의 등록 교인이 되는 것과 임의 단체의 회원이 되는 것이 별다른 차이가 없어져 버렸다. 더욱이 그리스도인을 자처하는 사람들이 종종 교회를 노골적으로 비난하는 사람들에게 서슴없이 동조하기도 하며, 교회에 관심을 기울이지 않아도 얼마든지 예수 그리스도와 의미 있는 관계를 맺을 수 있는 것처럼 행동하기도 한다.

이 책의 저자들은, 교회를 비방하는 비성경적인 경향과는 전혀 다른 관점에서 교회에 관해 말한다. 이들은 비평가들의 목소리에 동참하지 않고, 성경의 가르침에 귀를 기울인다. 그리고 예수 그리스도의 교회를 그분이 성령과 말씀으로 거하기를 기뻐하시는 장소로 이해하려는 입장을 설득력 있게 주장한다. 이들은 성경의 가르침과 역사적 개혁파 교회들의 교회 질서(church order, 우리들은 보통 헌법이라고 지칭한다—편집주)에 드러난 지혜를 활용해, 그리스도 안에 있는 생명은 그리스도의 교회의 교제 안에서 전달되며, 육성된다는 오랜 성경적 신념을 새롭게 제시한다. 이들은 교회의 중요성을 축소하기는커녕, 하나님의 아들 예수 그리스도의 사역 덕분에 하나님을 아버지로 부르게 되었다면 교회를 당연히 어머니로 일컬어야 마땅하다고 확신한다. 그리스도께서 교회에 부여하신 명령, 곧 세상 끝날까지 모든 민족을 제자로 삼으라는 지상명령을 이루려면 올바른 질서를 갖춘, 생기 넘치는 교회가 반드시 필요하다(마 28:20).

이 책을 읽는 독자들이 저자들의 말에 일일이 다 동의하지는 않을 수도 있다. 그러나 주의를 기울여 읽으면, 이 책이 성경의 가르침과 역사 의식과 목회적 지혜를 모두 겸비한 책이라는 사실을 곧 알게 될 것이다. 또한 각자가 속해 있는 교회의 삶과 사역 속에 그리스도께서 어떻게 임재해 역사하시는지를 좀 더 잘 이해하게 될 것이다. 특히 저자들은 각 장의 마지막에 "생각해볼 질문"과 "추가적인 읽을거리"라는 항목을 마련해 교회가 그리스도의 축복 아래 형통하고, 번영하는 것을 보기 원하는 교회 직분자들과 평신도가 이 책을 더욱 유용하게 사용할 수 있도록 배려했다.

코넬리스 베네마
미드아메리카 리폼드신학교 총장 겸 교의학 교수

머리말

그린베이 패커스 프로미식축구팀은 거의 10년 동안 연속해서 침체 상태에서 벗어나지 못했다. 그들은 계속해서 리그 최하위권에 머물렀고, 사기는 크게 저하된 상태였다. 1959년에 빈스 롬바르디가 새 감독으로 부임하였고, 그는 팀을 새롭게 바꾸기 위해 선수들을 고무하고, 격려하며, 연습과 훈련에 매진하기 시작했다. 그러나 그는 선수들을 지도하다가 어느 시점에 이르자 너무나 실망스러운 나머지 주의를 강력하게 환기해야 할 필요성을 느끼게 되었다. 그는 "모두 중단하고, 이리 모여봐요."라고 말하고 나서 무릎을 꿇고 앉아 미식축구공을 집어 들고는 "처음부터 다시 시작합시다. 이것이 공이고, 이것이 야드 라인이며, 나는 코치이고, 여러분은 선수입니다."라고 덧붙였다. 그는 계속해서 가장 초보적인 단계에서부터 미식축구의 기본을 설명했다.[1]

그리스도인들도 이따금 기본으로 돌아가는 것이 필요하고 유익할 때가 있다. 마르틴 루터(1483-1546)는 잘 훈련된 신학자였는데도 이렇게 말했다.

> 매일 아침, 그리고 틈틈이 시간이 날 때마다 나는 어린아이가 하는 것처럼 요리문답을 공부하고, 주기도, 십계명, 사도신경, 시편 등을 정확하게 읽고 암기한다. 나는 지금도 날마다 요리문답을 읽고, 공부해야 한다. 마음으로는 원하지만 그것을 완전히 숙달할 수 없기 때문에 나는 여전히 요리문답을 배우는 학생이요 어린아이로 머물러 있을 수밖에 없다. 그리고 나는 이 일을 아주 기쁘게 하고 있다.[2]

이 책의 목적은 교회론(교회에 관한 성경적인 교리)의 기본으로 되돌아가도록 인도하는 데 있다. 우리는 가장 기본적이고, 근본적인 방법으로 "이것이 교회다."라고 말하고 싶다. 신자들과 교회 지도자들이 훈련과 공부를 계속해 나가도록 돕고, 성경공부 모임과 지도자 육성 과정에서 적절히 활용할 수 있도록 각 장의 끝에 "생각해볼 질문"과 "추가적인 읽을거리"를 마련해 두었다. 교회론의 기본으로 인도하는 과정에서 우리가 제시하는 원리들이 완전하거나 완벽하지 않다는 것을 안다.[3] 또한 그 원리들 전부가 교회 정치에 관한 다양한 의견들에 멋지게 들어맞지도 않을 것이다.[4] 그러나 우리는 그것들이 모두 성경에 근거하고 있기 때문에, 교회에 관한 중요한 질문들에 대한 대답을 찾는 데 적지 않은 도움을 줄 수 있을 것이라고 확신한다.

정체성

우리가 대답을 찾고 싶은 첫 번째 질문은 우리의 **정체성**에 관한 것이다. 교회는 무엇인가? 교회를 구성하고 있는 우리는 누구인가? 개인과 교회로서의 우리의 정체성은 우리가 살아가는 방식을 결정하는 데 지대한 영향을 미친다. 비성경적이고, 유익하지 못한 방식으로 교회를 정의하기는 너무나도 쉽다. 우리는 우리 자신을 어두운 사회 안에 존재하는 유일한 참 교회로 정의하고, 그저 우리의 영역 안에만 머물러 있는가? 우리는 우리 자신을 공동체를 이루기 위해 함께 뭉친 한 가족으로 주로 정의하는가? 우리는 우리 자신을 간신히 존재의 명맥을 유지하고 있는 역기능적 교회로 정의하는가? 우리는 우리 자신을 우리의 전통에 의해 정의하는가? 정의는 매우 중요하다. 그것은 우리가 하고 있는 일을 바라보는 관점에 영향을 미칠 뿐 아니라, 우리의 정체성을 형성하는 데 큰 영향을 미친다. 정의는 기운을 복돋을 수도 있고, 의욕을 잃게 만들 수도 있다. 그러나 하나님이 교회의 정체성에 관해 가르치신 것을 옳게 이해하면 많은 용기와 힘을 얻을 수 있다.

권위

성경적인 교회론을 통해 대답을 찾아야 할 두 번째 질문은 **권위**에 관한 것이다. 누가 교회인 우리에게 행군 명령을 내리는가? 교회는 일을 어떻게 결정하는가? 이 문제를 잘못 이해하면 누가 우리를 인도해야 하는지 알 수 없기 때문에 방향 감각을 잃을 수밖에 없다. 위계적인 질서를 엄격하게 적용해 이 문제를 해결하려고 하는 교회들도 있고, 다소 느슨한 태도로, 즉 교인들이 자유롭게 "각기 자기의 소견에 옳은 대로 행할"(삿 21:25) 수 있게 허용하는 교회들도 있다. 권위의 문제에 관한 대답은 실천적인 차원에서 매우 중요한 영향을 미친다. 교인들에게 목사나 장로들이 지시하는 것에 무조건 복종하라고 요구해야 할까? 또는 그와 반대로 목사가 설교나 상담을 통해 단지 제안을 하는 데 그쳐야 할까? 가정 심방을 통해 이루어지는 장로들의 목회 상담을 단순한 권고로 받아들여야 할까, 아니면 하나님의 말씀으로 받아들여야 할까? 교회의 집사들이 신자 가정의 재정에 관해 조언할 권한이 있을까?

일치

세 번째 질문은 우리가 그다지 많이 생각하지 않는 교회의 **일치**(ecumenicity)에 관한 것이다. 한 교회가 다른 교회들과 어떻게 관계를 맺어야 하는가? 성경은 그리스도의 부르심을 받아 말씀을 통해 하나로 연합된 보편 교회가 존재한다고 가르친다(요 10:16). 사도신경과 니케아 신조가 고백하는 대로 이 교회는 "보편적"이지만 수많은 지역 교회를 통해 구체적으로 표현된다. 교회의 일치(ecumenicity)를 생각할 때는 교회들이 어떻게 서로 관련을 맺는지를 생각해야 한다. "어떻게 교회의 보편성을 적절하게 표현할 수 있을까?"라는 문제에 대한 대답을 찾아야 한다. 예를 들면, 강단 교류나 (종교개혁일이나 추수감사절에 드리는) 연합 예배를 어떻게 해야 할지, 교리적으로 유사한 정도를 고려하여 다른 교회와 어느 정도까지 협력해야 할지 적절한 결정을 내릴 수 있어야 한다.

활동

네 번째 질문은 교회의 **활동**(activity)에 관한 것이다. 우리의 사명은 무엇인가? 우리는 교회로서 무엇을 해야 하는가? 우리는 교회로서 주어진 명령을 충실히 수행하고 있는가? 우리에게 주어진 명령을 명확하게 인식하지 못하면 우리의 사명이 무엇인지를 어떻게 알겠는가? 집단적인 차원에서의 교회의 사명은 신자 개개인의 개별적인 사명과 어떤 연관이 있는가? 바꾸어 말해 교회의 전체적인 사역 안에서 교회의 지체인 신자 개인의 역할은 무엇인가? 모든 교회는 한정된 자원을 가지고 있으므로 그 개인적, 집단적 에너지를 올바른 곳에 사용하고 있는지를 따져볼 필요가 있다.

성경을 믿고, 복음을 전하고, 선교에 힘쓰는 교회로서 21세기를 살아가고 있는 우리로서는 이 네 가지 분야에 대한 대답을 찾는 일이 너무나도 중요하지 않을 수 없다. 성경을 중심으로 교회의 **정체성**과 **권위**와 **일치**와 **활동**에 대한 대답을 찾는 일은 견고한 건물의 기초를 다지는 것과 같다. 이 성경적인 기초는 교회를 질서가 잘 갖춰진 조직으로 만들어 "모든 것을 품위 있게 하고 질서 있게" 할 수 있도록 도와줄 것이다(고전 14:40). 바울은 예배가 혼란스럽고, 무질서했던 고린도 교회를 향해 그렇게 말했다(고전 14:33). 하나님은 혼란의 하나님이 아닌 화평의 하나님이시다. 그분은 무질서가 아닌 질서를 원하신다. 바울은 옥중에서 골로새 교회에 보낸 편지에서도 교회의 질서와 그로 인한 축복을 강조했다. "이는 내가 육신으로는 떠나 있으나 심령으로는 너희와 함께 있어 질서 있게 행함과 그리스도를 믿는 너희 믿음이 굳건한 것을 기쁘게 봄이라"(골 2:5). 성경이 가르치는 이 견고한 기초와 구조를 제대로 갖춘다면 교회 안에서는 물론, 교회 밖의 어두운 세상에까지 생명력이 흘러넘치게 될 것이다.

본론에 들어가기 전에 마지막으로 당부하고 싶은 말이 있다. 이 책 전반에 걸쳐 많은 성경 본문을 근거로 우리의 주장을 전개하면서 간결함을 기하기 위해 간단하게 장과 절만을 표기해 두었다. 따라서 각자 스터디바이블이나 성경 주석(예를 들면 매튜 헨리 주석, 칼빈 주석, 뉴 인터내셔널 주석 등)을 직접 참고해 성경 본문의 의미를 자세하게 살펴보기 바란다.

1부

정체성

1장
교회와 그리스도의 관계

내가 신자가 되어 처음 나간 교회에는 "세례 주일"이 있었다.[1] 당시에 누군가가 내게 "세례를 받고 싶나요?"라고 물었다. 나는 세례가 무엇인지 몰라서 되물었고, 즉시 예수님을 믿는 개인적인 신앙을 표현하기 위해 개인적으로 선택하여 행하는 예식이라는 대답을 들을 수 있었다. 마침내 세례받는 날이 이르렀고, 나는 지시에 따라 대열에 섰다. 내 차례가 되자 세례를 집례하는 사람이 마이크를 내 입에 가까이 대고는 "세례를 받으려는 이유가 무엇입니까?"라고 물었다. 당시 자만심 강한 농구 선수였던 나는 "예수님을 믿습니다. 그러니 얼른 세례를 주시죠!"라고 대답했다.

그 당시 나의 기독교적 정체성은 오직 나 자신의 개인적인 문제였다. 나는 내가 교회와 어떻게 연결되어 있는지, 그리고 내가 다니는 교회가 보편 교회와 어떤 관계를 맺고 있고 교회의 주인이신 예

수 그리스도와 어떤 관계를 맺고 있는지 나는 아무것도 모르는 상
태였다. 그런데 오늘날에는 그 당시의 나와 유사한 무지 속에 처해
있는 그리스도인들이 참으로 많다.

그리스도인으로서 그리고 교회로서 우리의 정체성을 규정하기
위한 유일한 출발점은 예수 그리스도 안에 있다. 이런 접근 방식은
교회를 보는 시각을 눈앞에서 벌어지는 일들에 국한해서 형성하지
않게 높이 들어올려줄 뿐 아니라 교회인 우리 자신을 지나치게 높
게 평가하지도 않고 지나치게 낮게 평가하지도 않게 도와준다.

교회는 그리스도께 속해 있다

교회의 정체성이 그리스도 안에 근거하고 있다는 사실을 이해하면,
무교회적 기독교(신자들이 단지 "보이지 않는 교회"의 지체들일 뿐 지역 교회와는 아
무 관련이 없는 기독교)나 그리스도 없는 껍데기 교회(교회가 단지 사교적 목적
을 위해 존재하는 개인들의 모임이라는 것)를 배격할 수 있다. 우리는 새 언약
의 교회를 다스리시는 예수 그리스도에게서부터 시작해야 한다. 그
분이 교회를 소유하고 계시고, 교회가 그분께 속해 있다는 것이 신
약성경의 가르침이다. 신약성경은 교회를 건물에 비유한다. 예수님
은 교회의 건축자이시다(마 16:18). 또한 그분은 교회의 기초요 모퉁
잇돌이시다(고전 3:11, 엡 2:20). 성경은 또한 예수님이 교회를 소유하고
계신다는 사실을 비유적으로 가르친다. 예수님은 포도나무이시고,
우리는 가지이다(요 15:1-11). 그분은 목자이시고, 우리는 그분의 우리

에 속한 양 떼다(요 10:1-18). 그분은 머리이시고, 우리는 몸의 지체이다(롬 12:3-8). 그분은 남편이시고, 우리는 아내다(엡 5:25-33).

오늘날에는 가상의 온라인 교회가 유행하고, 장립받은 리더십과는 아무런 연결도 없는 "모든 신자의 사역"을 강조하고, "단지 나와 내 성경이면 족해!"라는 어구에서 드러나는 개인적 태도가 만연하다. 이런 시대에는 "교회는…예수 그리스도의 왕국이며, 하나님의 집이자 가족이다. 교회 외부에는 구원받을 보통의 가능성(ordinary possibility)이 없다"(웨스트민스터 신앙고백 25장 2항)라고 말하는 개신교 종교개혁의 신앙고백에서 요약하는 기본적인 성경의 가르침에 다시금 귀를 기울여야 한다. 예수님은 자기 왕국의 열쇠를 어떤 개인이나 파라처치 단체가 아닌 보이는 교회의 손에 쥐여주셨다(마 16:13-20). 더욱이 성경적인 그리스도인이라면 누구든지 이렇게 믿는다: "이 거룩한 회중은 구원받은 자들의 모임이다. 이 모임의 밖에는 구원이 없다. 누구든 신분이나 지위를 막론하고 이 모임을 떠나 홀로 있는 것에 만족해서는 안 된다. 모든 사람은 이 모임에 참여해 함께 연합해야 할 의무가 있다"(벨직 신앙고백 28조).[2]

보이는 제도적 교회는 매우 중요하다. 그러나 위의 인용문들을 고려할 때 또 다른 극단에 치우쳐 지역 교회를 구원과 동일시해서도 안 된다. 모든 참된 교회는 그 정체성을 자기 자신에서가 아니라 성육하신 하나님의 아들 안에서 발견한다.

우리는 개개의 신자들을 그리스도의 소유로 생각하는 데 익숙하다. 우리는 이렇게 고백한다: "살아서나 죽어서나 나는 나의 것이 아닙니다. 나의 몸과 영혼은 모두 신실하신 구주 예수 그리스도의 것입니다"(하이델베르크 요리문답 1문).[3] 그러나 하나님은 개인 신자는 물론이고 전체 교회를 그리스도의 피로 사셨다(행 20:28). 이 사실이 아래의 고전 찬송가에 잘 드러나 있다.

교회의 참된 터는 우리 주 예수라.
교회는 물과 말씀으로 창조된 새 피조물,
하늘에서 내려오신 주님이 교회를 거룩한 신부로 삼으셨도다.
자기 피로 교회를 사셨고, 교회의 생명을 위해 죽으셨도다.[4]

그리스도께서는 자신의 신부, 곧 선택받은 사람들로 이루어진 교회를 위해 목숨을 내놓으셨다(엡 5:25-27). 그로 인해 교회는 그리스도 안에서의 정체성을 갖는다. 그리고 이러한 정체성에서 다음과 같은 심오한 결론들이 유도된다.

첫째, 이 정체성은 기독교가 단지 "나와 예수님 사이의 문제"가 아니라고 가르친다. 내가 신자라면 나는 그리스도의 몸에 속한 지체이기 때문에(롬 12:3-8), 마땅히 언약적, 교회적 맥락 가운데 그리스도인의 삶을 실천해야 한다(롬 12:9-21). 물론 교회 안에서의 삶이 쉽지 않다는 사실을 깨닫기까지는 그렇게 오랜 시간이 걸리지 않는다. 다른 그리스도인들과 항상 잘 지내기는 어렵다. 하지만 실망감이 느껴질 때는, 나만이 그리스도의 유일한 소유가 아니라는 사실을 기억할 필요가 있다. 그리스도의 보혈은, 나를 귀찮게 하고 좌

절시키고 미워하고 상처를 주는 다른 신자들의 죄까지도 모두 가려주었음을 기억해야 한다. 바울이 "주께서 너희를 용서하신 것 같이 너희도 그리하고"(골 3:13)라고 말한 이유는 그분이 다른 죄인들을 위해서도 똑같이 목숨을 내놓으셨기 때문이다.

둘째, 개인적으로 교회를 어떻게 생각하든, "하나님의 눈에는 온 세상에서 예수 그리스도의 교회보다 더 귀한 것은 없다."[5] 만일 우리가 하나님의 관점을 따른다면 교회에 대한 불평을 그치고, 교회에 대해 지금보다 훨씬 더 높은 견해를 취할 것이다. 물론 현세의 악에 대항하여 싸우는 "전투하는 교회"는 티나 주름잡힌 것이 많을 수밖에 없다. 하지만 그럼에도 교회는 예수님의 신부다(엡 5:25-33, 계 19:6-9). 가장 친한 친구의 아내에 대해 공공연한 비난과 불평을 늘어 놓는 것은 너무나도 무례한 일이 아닐 수 없다. 그것은 상상조차 할 수 없는 일이다. 그런데 우리는 왜 그리스도의 신부에 대해 그토록 거침없이 불평을 토로하는 것일까? 아마도 그 이유는 우리의 정체성에 함축된 의미를 망각했기 때문일 것이다.

셋째, 교회는 주님께 엄청난 감사의 빚을 지고 있다(롬 8:12). 우리는 그리스도의 몸에 속한 지체들로서 함께 최선을 다해 그리스도를 영화롭게 해야 한다. 감사의 마음을 절실히 느낀다면 교회 안에서 봉사하는 일을 결코 소홀히 하지 않을 것이다.

교회가 예수 그리스도께 속해 있다는 이 영광스러운 현실은 교회의 정체성과 관련된 다음의 원리와 밀접하게 연관되어 있다.

그리스도는 교회의 머리이시다

주 예수 그리스도는 "하나님과 사람 사이의 유일한 중보자"(딤전 2:5)로서 교회를 사셨기 때문에 "교회의 머리"가 되신다(엡 5:23, 골 1:18). "머리(*kephalē*)"라는 용어는 비유적으로 권위의 자리를 의미한다.[6] 우리의 몸에서 머리는 몸의 나머지 부분을 다스리는 권위를 지닌다. 머리에서 결정이 내려져 몸으로 전달된다. 이 과정이 역으로 뒤집히는 일은 결코 없다. 겉으로 보면 그리스도께서 교회의 머리시라는 선언에 모든 교회가 아무런 이견이 없는 것처럼 보인다. 그러나 실제로는 인간 고위 성직자(교황, 목사, 치리회 등)를 보이는 교회의 수장으로 삼는 교회들이 적지 않다. 이것이 개혁교회가 교황이 아닌 예수님이 교회의 머리가 되신다고 그토록 강력하게 고백하는 이유다. 종교개혁의 초창기에 가장 먼저 만들어진 신앙고백 가운데 하나인 〈베른 교리 선언〉(The Ten Theses of Bern, 1528)은 "거룩하고 보편적인 교회의 유일한 머리는 그리스도이시다. 이 교회는 하나님의 말씀으로부터 태어났고, 그 안에 계속해서 거하며, 낯선 자의 음성에 귀 기울이지 않는다."(제1조)라는 말로 시작한다.[7] 아울러 종교개혁 운동이 절정에 달했을 때 만들어진 〈웨스트민스터 신앙고백〉은 "주 예수 그리스도 외에 교회의 다른 머리는 존재하지 않는다. 로마의 교황은 어떠한 의미에서도 교회의 머리가 될 수 없다. 교회 안에서 그리스도께 대항해 스스로를 높이고, 자신을 하나님으로 일컫는 자는 모두 적그리스도요 불법의 아들이며 멸망의 자식이다."(25장 6항)라고 진술했다.

그리스도의 머리되심에는 최소한 두 가지 중요한 의미가 담겨 있다. 첫째, 그리스도께서는 "만물 위에 교회의 머리"(엡 1:22)로서 다스리시며 이 다스림은 교회를 "그의 영광의 찬송이 되게"(엡 1:12) 하려는 거룩한 목적 아래 행사된다. 다시 말해 교회는 우선적으로 자신이 아닌 주님을 위해 존재한다. 즉 교회의 존재 목적은 주님이 "친히 만물의 으뜸이 되시는"(골 1:18) 데 있다. 이것이야말로 목사들과 장로들과 집사들과 그밖의 모든 교인이 스스로를 점검해볼 자기점검 기준이 아닌가 싶다. 우리 인간은 누구나 행복해지기를 원하지만, 바울의 말은 우리를 행복하게 해주는 것이 교회의 존재 이유라고 생각해서는 안 된다는 의미를 담고 있다. 체스 용어를 빌려 말하면 우리는 주님의 졸병(pawn)이다. 우리는 주님의 목적에 이바지하기 위해 존재한다. 우리가 때로 교회에 대해 실망을 느끼는 것은 교회에 대해 불합리한 기대를 품고 있기 때문일 때도 있지만, 때로는 교회에 참여하는 면에서 부족함이 있기 때문이다. 개인적인 차원에서 이 말이 갖는 의미는, 만물을 다스리시는 그리스도의 통치권에 복종하기를 거부하는 자는 자신을 그리스도의 지체로 생각할 수 없다는 것이다(엡 1:23).

둘째, 그리스도는 교회의 머리가 되시므로 자기 몸의 필요를 채워주신다. 우리가 우리 몸의 필요를 채우듯이, 이와 유사하게 우리의 머리이신 그리스도께서는 우리의 구원자만이 아니라 보호자요 공급자가 되셔서 우리 필요를 채워주신다(엡 5:23). 그런데 주님은 교회라는 수단을 사용하여 백성의 필요를 채워주시고, 그들을 보호하신다. 물론 교회는 우선적으로 우리의 필요 충족을 위해 존재하지는 않지만, 케빈 드영이 말한 다음과 같은 말 또한 엄연한 사실이다.

하나님이 그리스도인들에게 베푸신 가장 큰 선물 가운데 하나는 교회다. 교회는 우리를 위한다. 하나님이 우리를 위하시기 때문이다. 예배는 궁극적으로 하나님을 위한 것이지만 또한 우리의 건덕, 곧 신자들의 건덕을 위한 것이기도 하며, 이 말은 (비록 우리 예배가 불신자들에게도 명료하게 이해될 수 있기를 바라지만) 예배가 불신자들과의 즉각적인 공진(共振)을 위한 것이 아니라는 의미이다. 또한 마찬가지로 중요한 것으로서 "서로…하라"는 명령(one another command)을 생각해보자. 교회는 서로의 짐을 지고, 물질적인 필요를 채워주며, 서로 위로하고, 돌봐주며, 서로 대접하기를 잘하며, 인사를 나누며, 격려하고, 책망하고, 용서를 받아들이는 곳이어야 한다. 곧 기본적으로 믿음이 사랑으로 역사하는 곳이어야 한다. 서로를 사랑하는 것이 기독교 공동체의 가장 큰 구별되는 특징이 아니겠는가?[8]

교회의 정체성은 그리스도 안에 있다. 이 사실은 오늘날 많은 사람들의 잘못된 교회관에 대해 무엇을 말하는가? 바울은 교회를 "만물 안에서 만물을 충만하게 하시는 이의 충만함"(엡 1:23)으로 묘사했다. 그리스도께서 몸의 머리시라는 주장은 보편 교회는 물론, 개별적인 지역 교회에 대해 말할 수 있는 가장 영예로운 사실 가운데 하나다. 우리는 우리 자신 때문에 위대한 것이 아니며, 많은 프로그램을 가지고 있기 때문에 위대한 것이 아니며, 다만 머리 되신 분 때문에 위대하다.

교회의 연합

이미 언급한 대로 그리스도 안에 놓여 있는 우리의 정체성은 한 교회 안에서의 작은 규모의 교회 연합은 물론, 일반적 교회 연합과 관련하여 심오한 의미를 갖는다. 그리스도와의 연합이라는 "수직적인" 정체성은 다른 신자들과의 관계에서 "수평적인" 정체성을 형성하고 그 정체성의 의미를 제공한다. 우리가 그리스도께 연합되었다는 것은 우리가 그분 안에서 다른 그리스도인들과 영적으로 연합되었음을 의미하며, 교회로서 다른 교회들과 영적으로 연합되었음을 의미한다. 나중에 살펴보겠지만 이런 사실은 회중 상호 간에 서로를 대하는 태도와 중요한 관련이 있다(4, 5장 참조). 왜냐하면 다른 무엇보다 교회의 하나된 모습이 예수 그리스도 안에 있는 우리의 정체성을 드러내기 때문이다.

다시 말해 교회는 그리스도 안에서 그리고 그분의 말씀 안에서 하나이며, 이것이 교회를 교회 되게 한다. 로마 가톨릭교회의 경우와는 달리 교회의 정체성은 단지 제도적인 구조 안에서 발견되는 것이 아니다. 그리스도인은 단지 올바른 교회에 속하여 있다는 형식적인 것이 전부가 아니다. 나중에 교회들이 기관으로서 어떻게 연합해야 하는지에 대한 성경의 가르침을 살펴볼 예정이지만 교회의 정체성은 기본적으로 그리스도와의 영적인 연합에 있다.[9]

교회는 "예수 그리스도 안에서 구원받기를 기대하며, 그분의 피로 씻음을 받고, 성령으로 성결하게 되어 인치심을 받은 참 신자들로 이루어진 거룩한 회중"이다(벨직 신앙고백 27조).[10] 이것이 마태복음 16장의 요지다. 베드로가 예수님을 "그리스도시요 살아 계신 하나님의 아들"로 고백하자(마 16:16), 예수님은 시몬이라는 이름을 베드로(petros)로 고쳐주시면서 이 "반석(petra)", 곧 그리스도에 대한 그의 고백 위에 자기 교회를 세우겠다고 말씀하셨다(마 16:18).[11] 예수 그리스도 안에 굳건한 토대가 마련되어 있지 않다면 교회도 존재할 수 없고, 신자들의 연합도 불가능하다. 만일 우리가 공통적인 관심사나 개인적인 우정이나 사회경제적인 지위나 인종적인 동질성이나 연합 선교 사역 따위를 근거로 하나가 되려고 노력한다면 "교회"로 불릴 수 있는 자격을 잃게 될 위험이 크다. 교회가 그리스도 안에서 연합되어 있는 이유는 그 정체성이 그리스도와의 연합에서 비롯하기 때문이다(엡 2:20).

성경은 이런 정체성과 연합을 분명하게 가르친다. 우리는 신구약 성경에 기록된 하나님 말씀의 권위에 근거해 우리가 누구이고, 어떻게 살아야 하는지를 알게 된다. 교회가 성경의 절대적인 권위를 인정하지 않으면 교회가 될 수 없다. 바울은 디모데전서 3장 14-16절에서 이 점을 확실하게 강조했다. "진리의 기둥과 터"인 교회는 오직 바울이 그들에게 써 보낸 것, 곧 성경을 통해서만 교회로서 행동하는 법을 알 수 있다. 따라서 우리는 결코 단지 개인적인 목적만을 위해 성경을 공부하면 안 된다. 성경은 교회로서 우리가 누구인지에 대해 그리고 우리가 "하나님의 집에서 어떻게 행하여야 할지"(딤전 3:15)에 대해 끊임없이 바른 관점을 제시해준다.

데니스 존슨은 사도행전을 염두에 두고 이 점을 구체적으로 예시했다. 그는 "누구에게 사도행전이 필요한가?"라는 간단한 질문을 제기하고 나서 우리들의 모습과 다소 비슷한 모습을 묘사하면서 답을 제시했다.

교회들은 잠에 빠졌다. 소그룹들은 제각기 자기 자신에게만 관심을 기울인다. 성경공부와 주일학교는 늘 구태의연하다. 예배는 형식적으로 변했고, 복음전도는 전문 사역자들이나 하는 일이 되고 말았다…익숙함이 만족과 안일을 부추기고 좋은 질서가 경직된 제도로 고착되면, 예수님을 사랑하는 사람들은 무엇인가가 잘못되었다는 느낌을 받는다. 그들은 항상 그런 식은 아니었다는 것을 알고는 성경으로 되돌아가서 교회의 참모습이 무엇인지를 살펴보기 시작한다. 특히 우리의 열정이 시들고, 목표 의식이 불분명해졌을 때는 성령께서 자신이 하는 일을 증언하시는 성경 말씀에 귀를 기울일 필요가 있다.[12]

우리 교회의 모습이 성경 안에서 발견되는 모범적인 교회의 모습과 일치하지 않는다면 즉시 우리 죄를 뉘우치고, 우리의 부족함을 겸손히 고백하며, 하나님의 도우심에 의지해 우리의 성경적인 정체성을 회복할 방법을 모색해야 한다.

그리스도의 보편적인 몸이 지역 교회 안에서 이 땅에 내려온다. 따라서 우리는 질서가 잘 갖춰진 삶을 **함께** 사는 법을 배워야 한다. 교회로서 우리는 우리를 그런 방향으로 인도해줄 지도자들이 필요하다. 우리는 다른 교회들과 어떻게 관계를 맺어야 하는지, 또 우리가 교회로서 무엇을 해야 하는지도 생각해봐야 한다. 그러나 교회의 권위와 일치와 활동에 대해 논의할 때는 항상 예수 그리스도와의 관계에 바탕을 둔 정체성에 관한 이해에서부터 출발해야 한다. 참된 신자와 참된 교회는 우리의 취향이나 느낀 욕구(felt needs)나 편의에 뿌리를 두지 않고 말씀 안에서 자신을 계시하시는 그리스도 안에 뿌리를 둔다.

생각해볼 질문

1. 왜 우리는 교회와 그 치리에 대해 논의하고 공부하는 일에 관심을 기울여야 하는가? 이것은 단지 "부차적인" 문제일까?

2. 성경적인 교회의 구조와 조직을 이해하는 것이 중요한 이유는 무엇인가?

3. 그리스도 없는 껍데기 교회란 무엇인가? 무교회적 기독교란 무엇인가? 이 두 오류를 피하려면 어떻게 해야 할까?

4. 교회를 향해 비현실적이고, 자기중심적인 기대를 걸었던 적이 있는가?

5. 교회는 어떤 면에서 하나님이 주시는 선물인가?

6. 건설적이지 못한 비판을 자제하고, 당신이 속한 교회를 질서 있게 이끌어 갈 성경적인 방법을 찾을 수 있겠는가?

추가적인 읽을거리

Sean Michael Lucas, *What is Church Government?* (Phillipsburg, NJ: P&R Publishing, 2009).

Philip Ryken, *City on a Hill: Reclaiming the Biblical Pattern for the Church in the 21st Century* (Chicago: Moody Publishers, 2003).

J. L. Schaver, *The Polity of the Churches, Volume 1: Concerns All the Churches of Christendom* (Chicago: Church Polity Press, 1947), 65 −77.

Guy Prentiss Waters, *How Jesus Runs the Church* (Phillipsburg, NJ: P&R Publishing, 2011).

2부

권위

2장
인간의 선호가 아닌 하나님의 계시

미국의 대통령은 전군을 지휘하는 총사령관이다. 그러나 그는 워싱턴에서 안전하게 살고 있고 그의 지휘를 받아야 하는 군대는 지상과 공중과 바다 여러 곳에 산재해 있다. 그렇다면 "지상군"은 어떻게 자신의 임무를 알 수 있을까? 이것이 장교들의 명령 체계가 필요한 이유다. 군대는 전투 수칙을 비롯해 제반 규칙이 완비된 상명하복의 훈련된 조직체다.

예수님은 절대적인 권위를 가지고 교회를 다스리신다. 이 점은 이미 1장에서 살펴보았다. 그렇다면 그리스도께서는 자기 교회에 속한 사람들 가운데서 어떻게 권위를 행사하실까? 그분은 자기 교회 안에 "충성된 사람들", 곧 "목자장"을 따르는 하위목자들을 세워 그들에게 지도자직을 맡기셨다(딤후 2:2, 벧전 5:1-4). 이것이 이번 장에서 살펴볼 주제다.

"교회의 지도자들은 그리스도의 주재권 아래에서 교회를 신실하게 다스리는 방법을 어떻게 알 수 있을까?"라는 문제에서부터 시작해보자. 이 문제는 우리 문화처럼 권위적 구별을 인정하지 않고 평등주의를 지향하는 문화(egalitarian culture)에서는 특히나 더 중요하다. 우리 문화에서는 사람들에 대한 모든 구별을 말살하고, "모든 사람이 동등하게 창조되었다."고 확언한다. 앞장에서는 교회의 머리이신 그리스도를 다루었지만 이번 장의 논의는 사람들(그리스도께서 권위를 일임하신 직분자들, 곧 그분을 대표해서 그분의 이름으로 섬기는 사람들)이라는 수단을 통해 교회를 다스리시는 그리스도께 초점을 맞춘다.[1] 그리스도로부터 그리스도인들에게로 이어지는 이 명령 체계가 성경에 잘 드러나 있다. 그리스도께서 교회의 머리이시기 때문에 교회는 인간의 선호가 아닌 하나님의 계시에 근거해 다스려져야 한다는 것이 이번 장의 기본 원리다.

계시의 범위

교회의 통치 원리는 많은 논쟁을 불러일으켜 왔고, 지금도 여전히 논란이 되고 있다. 20세기 개혁파 신학자 루이스 벌코프(1873-1957)는 이 문제를 다루면서 "개혁교회는 성경이 교회의 정치 체제를 시시콜콜하게 규정하고 있다고 주장하지는 않지만 그 근본 원리들은 성경에서 직접 도출되었다고 믿는다."라고 말했다. 그는 또한 "(개혁파 교회 정치의) 구체적인 내용 가운데 많은 것이 편의성과 인간의 지혜에 의해 결정된다."라고 설명했다.[2] 교회를 다스리는 **원리들은** 명령과 사도적 본보기의 형태로 성경에 분명하게 계시되었고, 그 원리들을 하나의 교회나 교회들의 연맹체 안에서 활용하는 방법에 관한 **세부사항**은 그 원리들을 적용한 것이다. 이것이 〈벨직 신앙고백〉(1561)이 "교회를 다스리는 자들이 교회의 조직을 유지하기 위해 자기들 안에 일정한 규칙을 제정하고 확립하는 것은 유익하고 유용한 일이다."라고 진술하고 나서 "그들은 우리의 유일한 주인이신 그리스도께서 제정하신 원칙에서 벗어나지 않도록 신중하게 주의를 기울여야 한다."라고 덧붙인 이유다(32조; 7조 참조).[3] 교회의 삶에 관한 세부사항들이 성경에 모두 구체적으로 언급되어 있지는 않다. 따라서 교회 지도자들은 성경의 원리들을 현실에서 구현해서 교인들의 덕을 세워야 한다.

권위의 종류

이 원리를 옳게 이해해 활용하면 경직된 권위주의에 빠지거나 반대로 회중 임의대로 행하는 양극단에 치우치지 않고 성경이 제시하는 길로 걸어가는 지도력을 발휘해 교회를 유익하게 할 수 있다. 교회 안에서 행사되는 삼위일체 하나님의 권위는 한계를 설정하는 동시에 자유를 허락한다. 한계를 설정한다 함은, 그리스도께서 말씀으로 제정하지 않으신 정치 원리를 교회에 임의로 도입할 수 없다는 의미, 즉 교회의 사역에 독재적 접근법을 취해서는 안 된다는 의미이다. 또한 자유를 허락한다 함은, 교회 운영 방식이 개인적으로 마음에 들지 않더라도 그것이 성경적인 원리에 근거하고 있다면 확신을 가지고 그 방식을 따를 수 있다는 의미이다. 한편 성경에 어긋나는 원리는 무엇이든 교회 안에서 자유롭게 거부할 수 있으며, 어떤 신자도 성경의 원리를 거스르도록 강요받아서는 안 된다(행 5:29, 사 8:20).

이 원리는 단순한 다수 의견에 근거해 교회를 다스려야 한다고 주장하는 사람들의 오류를 드러낸다. 단순히 다수 의견에 근거한 통치는 크게 두 가지 형태를 띤다. 하나는 과거의 견해에 근거한 것이고(전통주의), 하나는 현재의 전통에 근거한 것이다(민주주의). 물론 전통은 다른 그리스도인들이 하나님의 계시를 어떻게 이해해 왔는지 이해하는 데 도움을 주며, 교회를 안정시키는 효과를 발휘해 비성경적인 방향으로의 급속한 변화로 인한 해악을 방지한다. 그러나 "전에부터 항상 이런 식으로 일을 해 왔다."라는 주장은 항상 말씀에 근거해 그 옳고 그름을 판단할 필요가 있다.

이와 비슷하게 교회는 대다수 사람이 좋다고 생각하는 것에 근거해 원리를 세우려는 유혹을 느낄 수 있다. 그러나 "그 때에 이스라엘에 왕이 없으므로 사람이 각기 자기의 소견에 옳은 대로 행하였더라"(삿 21:25)라는 사사기 말씀이 암시하는 것처럼, 그저 민주주의적 다수결 원칙에 근거한 통치는 성경의 가르침에 어긋난다. 집단적인 "지혜"라도 인간의 지혜에 근거한 통치이기는 마찬가지이다.

예수님은 지상명령을 통해 교회의 권위가 자신에게 있다고 분명하게 말씀하셨다(마 28:18-20). 그분은 교회를 다스리는 인간 지도자들인 열한 제자를 향해 그렇게 말씀하셨다. 그들은 선하고, 경건했다. 하지만 고집이 세고 부주의하고 경솔했다. 예수님의 제자들은 그리스도의 고난의 잔을 자신들도 마실 수 있다고 장담하기도 했고 (마 20:20-28), 그 가운데 한 제자는 예수님을 보호한답시고 냉정을 잃고 칼로 대제사장의 종을 쳐 그 귀를 자르기도 했다(마 26:51). 이런 이유로 예수님은 그들이 자신을 대신해 지도자직을 맡게 될 때를 염두에 두고 교회의 권위가 자신의 것이라는 사실을 분명하게 일깨워주셨다. 교회의 권위를 가지신 예수님은 교회가 제자를 양육하고 세례를 주고 말씀을 가르치는 유기적 조직체가 되어야 한다고 강조하셨다. "내가 너희에게 분부한 모든 것"(마 28:20)을 가르치라는 명령을 통해 교회가 무엇을 가르쳐야 할지 명확하게 말씀하셨다. 인간이 아닌 그리스도께서 교회를 다스리신다. 멤버도 아니요 직분자도 아니고 그리스도께서 교회를 다스리신다. 그리고 그분은 교회를 통치하는 원리를 말씀으로 계시하셨다.

교회를 통치하는 원리가 인간의 선호나 인간의 지혜가 아닌 하나님의 계시에 있다면 하나님의 계시가 무엇을 말씀하는지 살펴야 한다. 예수님은 성경에서 그저 교회의 삶과 예배에 관한 가장 파급력 강한 형태를 묘사해 놓으신 것이 아니다. 그리스도께서는 성경을 통해 자신의 권위를 행사하신다.[4] 하나님의 말씀을 검으로 묘사한 것은 결코 우연이 아니다(히 4:12). 바울은 골로새서 1장 18절에서 이와 같은 요지를 이렇게 표현한다. "그는 몸인 교회의 머리시라 그가 근본이시요 죽은 자들 가운데서 먼저 나신 이시니 이는 친히 만물의 으뜸이 되려 하심이요." 여기서 "으뜸(프로튜온)"은 "첫째"라는 뜻이다. 그리스도와 그분의 말씀은 만물의 "첫째"이다. 특히 그분이 머리이신 교회 안에서는 더더욱 그렇다. 그리스도의 계시가 인간이 선호하는 것과 부딪칠 때마다 그리스도께서 첫째가 되셔야 한다. 참 교회의 가장 뚜렷한 특징은 "모든 것을 하나님의 순수한 말씀에 따라 처리하고, 말씀에 어긋나는 것은 모두 배격하며, 그리스도를 교회의 유일한 머리로 인정한다."라는 고백을 충실히 지키는 것이다(벨직 신앙고백 29조).[5]

교회의 통치 원리를 생각할 때면 항상 하나님의 계시와 인간의 선호가 서로 충돌하기 마련이다. 목사와 장로와 집사가 교회를 어떻게 다스리는지 실천적 문제를 다루는 다음 장으로 자연스레 논의가 옮겨갈 수 있도록, 이번 장에서는 인간의 선호가 교회의 리더십에 어떤 영향을 미쳐 왔는지 살펴볼 생각이다.

성경적인 리더십

첫 번째 사례는 장로들에 의한 지도 체제와 관계가 있다. 미국의 교회들 가운데는 19세기 이후부터 장로 리더십 모델을 포기한 교회들이 많다. 마크 데버는 신약성경이 복수 장로들에 의한 지도 체제를 "일관된" 리더십 유형으로 제시하고 있는데도 불구하고 다른 대안적인 체제들이 유행하게 되었다고 주장했다.[6] 갈보리 채플(Calvary

Chapels, 1960년대 중반에 남캘리포니아에 설립된 복음주의 교회-역자주)이 사용한 "모세 유형"의 교회 정치 체제가 그 가운데 하나다. 이것은 구약 시대의 신정 체제를 교회에 적용한 것이다. 하나님이 최상위에 계셨던 것처럼 이제 예수님이 그 자리에 계신다. 하나님 밑에 모세가 있었던 것처럼 이제 예수님 밑에 목사들이 있다. 모세 밑에 재판관들과 제사장들이 있었던 것처럼 이제 목사들 밑에 장로들과 집사들과 교회 위원들과 부교역자들(assistant pastors)이 있다. 그리고 이스라엘 백성이 있었던 것처럼 교회가 있다.[7]

물론 교회의 지도부를 언급할 때 상호교체 가능한 여러 용어들이 사용되었다는 사실을 고려하면(장로, 감독, 청지기, 딛 1:5-9 참조), 장로가 교회를 다스렸다는 "일관된" 진술이 우리에게 항상 명확한 것은 아니다. 그런데 한 직임을 세 가지 칭호로 일컫은 것은 다름이 아니라 교회 지도자직의 다양한 측면을 가르치기 위한 하나님의 방식이었다. 예를 들어, 한 가정의 어머니는 여전히 어머니이면서 "주부"(homemaker), "돌보는 사람"(caretaker), "인생 코치"(life-coach) 등 여러 용어로 불릴 수 있다. 개개의 칭호는 그녀에게 주어진 종합적인 소명의 각 부분을 묘사한다. 그와 마찬가지로 교회 지도자들이 세 가지 칭호로 불리는 이유는 그들에게 주어진 소명의 다양한 측면을 드러내기 위해서다.

장로

장로의 개념은 신약성경에서 처음으로 등장한 것이 아니다. 그것은 구약성경에서 유래했다.[8] 특히 모세 당시와 출애굽 시대에 백성들을 다스리고, 하나님을 예배하는 일을 돕는 일에 장로들이 동원되었다(출 3:16-18). 나중에 모세는 광야 생활을 하는 동안 이드로의 조언에 따라 칠십 명의 장로를 세워 백성들을 다스리는 일을 돕게 했다(출 18장, 24:1). 사사 시대는 물론, 왕정 시대에도 장로들이 언급되었다(삿 21:16, 룻 4:2, 왕상 8:1). 포로 시대에도 장로들은 회당에서의 활동을 통해 사회를 하나로 결집하는 역할을 했다(스 6:7). 또한 이스라엘의 장로들은 신약성경 시대에도 여전히 존재했다. 구약 시대에서부터 명맥을 이어온 이 장로들은 종교적, 사회적인 문제를 비롯해 때로는 정치적인 문제까지 다스렸던 산헤드린의 구성원이었다. 사도행전의 경우에도 11장에서 그리스도인들이 바나바와 사울을 통해 부조를 장로들에게 전달했다고 기록하기 전까지 등장하는 "장로들"은 이스라엘의 장로들을 가리킨다. 그는 굳이 그 용어를 설명하려고 하지 않았다. 그는 구약 시대의 교회에 장로들이 존재한 것처럼 신약 시대의 교회에도 장로들이 존재한다는 것을 당연시했다.

"장로"는 본래 지도자의 나이를 고려한 호칭이었다. 그러나 시간이 지나면서 나이가 아닌 지위를 뜻하기 시작했다. 노인들이 나이 때문에 존경받을 자격을 인정받는 것처럼, 교회의 직분자들은 경험과 지혜 때문에 존경받을 자격을 인정받는다. 하나님은 교회 안에 결정권을 가진 지도 체제를 확립하기 위해 장로들을 세우신다.

감독

장로는 감독(overseer)으로도 불린다. 감독의 의무는 사도행전에 잘 나타난 대로(행 20:28-31) 교회를 잘 살펴보고 보살피는 것이었다(사도행전은 장로와 감독이라는 호칭을 번갈아 사용했다. 행 20:17, 28). 사도행전 20장 18절은 감독의 임무를 양 떼를 보살피고 먹이는 일로 묘사했다. 목자는 양 떼를 잘 보살펴야 할 책임이 있다. 그는 주위를 잘 살펴 위험이 없는지 신중하게 확인하고, 다친 양들을 찾아내어 보살피고, 양 떼를 푸른 풀밭으로 인도해야 한다. 그리스도께서는 우리의 영혼을 돌보시는 목자요 감독이시다(벧전 2:25). 하나님은 그 무한한 지혜로 세상에서 교회를 감독하는 일을 직분자들에게 위탁하셨다. 감독은 그리스도를 대신해서 일한다. 하나님은 장로와 목사들을 세워 양 떼를 감독하게 하신다. 그러나 오늘날에는 이런 사실을 무시할 때가 많다. 우리는 다른 사람이 우리를 감독하는 것을 싫어한다. 이것이 요즘에 장로가 없는 교회들이 그토록 많은 이유다. 하나님이 감독들을 세우시는 이유는 우리를 유익하게 하기 위해서다. 감독들은 교리적, 실천적, 사회적 위험 요소들을 신중히 파악해 하나님이 제공하신 수단을 통해 그것들로부터 우리를 보호할 의무가 있다.

성경적인 감독의 개념과 로마 가톨릭교회의 주교의 개념이 어떻게 다른지를 간단히 짚고 넘어가야 할 필요가 있다. 로마 가톨릭교회에서 주교는 다수의 사제들을 관장하면서 교황에게 복종하는 위치에 있는 사람에게 주어지는 칭호다. 그러나 성경에는 교회의 지도 체제를 그렇게 위계적인 개념으로 제시한 내용이 어디에도 없다. 사도행전 20장 28절을 보면, 한 교회 안에 아무런 구별 없이 여러 명의 감독이 공존했던 것을 알 수 있다. 성경에 언급된 감독은 하나님이 교회를 다스리게 할 목적으로 신자들 가운데서 불러내어 지도자로 세우신 경건한 사람들을 가리킬 뿐이다.

청지기

장로는 또한 청지기(오이코노몬)로 불린다(딛 1:7). 이 말은 한 집안의 관리자를 의미한다. 청지기에 관한 성경적인 개념이 누가복음 12장 37-48절에 잘 드러나 있다. 관리자는 집을 보호하고, 외부의 침입을 막는다. 그는 지혜롭고, 충실하며, 항상 깨어 있어야 한다. 한편 누가복음 12장 43절은 청지기를 종으로 일컫는다. "신약성경의 청지기는 종들 가운데서 선택되어 집안사를 모두 관장하기도 하고, 때로는 주인의 재산을 모두 관리하기도 했던 사람을 가리킨다."[9] 청지기는 섬겨야 할 주인이 있다(눅 12:43). 이는 사업체의 관리자가 그 업체의 소유주 밑에 있는 것과 같다. 하나님은 교회의 주인이시다. 그분은 자기가 세상에서 떠나 있는 동안 청지기, 곧 관리자들을 지명하여 자기 교회를 다스리게 하신다.

그렇다면 교회 지도자들이 집안의 관리자 역할을 한다 함은 우리에게 교회 지도자의 역할에 대해 무엇을 가르쳐주나? 그들은 단지 하나님의 비밀을 맡은 자에 불과하다(고전 4:1). 고린도 신자들 가운데는 교회의 사역자들을 자랑거리로 삼는 이들이 있었다. 바울은 그들에게 사역자들은 자신의 영광을 구하는 자가 아니라 종의 역할을 하는 청지기라는 사실을 상기시켜 주었다. 한 저자는 "왕정 제도에서 관리들이 왕을 대표하는 것처럼 교회의 직분자들은 교회가 아닌 그리스도를 대표한다."라고 말했다.[10] 교회는 민주주의 체제가 아니라 일종의 대표 군주제다. 군주이신 하나님이 교회 안에서 자기를 대표할 지도자들을 선택하신다. 칼빈(1509-1564)은 "하나님은 인간들의 사역을 통해 자기 교회를 다스리게 하기로…결정하셨다. 그분은 종종 가장 비천한 사람들 가운데서 말씀의 사역자들을 선택하신다."라고 말했다. 그럼에도 불구하고 "하나님이 보내신 사람들이 우리에게 전한 구원의 증언은 그분이 직접 하늘에서 말씀하신 것에 비해 그 신뢰성이 조금도 뒤떨어지지 않는다."[11] 타락한 인간들에 의한 교회의 통치는 하나님의 겸양을 보여준다. 그분은 자신을 낮춰 우리에게 찾아오시고, 우리와 똑같은 사람들을 통해 자신의 뜻을 전하게 하신다. 이런 사실은 우리에게 겸손을 가르칠 뿐 아니라 참된 믿음과 경건을 독려한다. 어떤 사람은 "만일 그리스도께서 내게 직접 말씀하신다면 기꺼이 믿고 복종하겠다."라고 말할지도 모른다. 그러나 하나님은 우리의 믿음을 도전하는 방식으로 우리를 세우신다.

지금까지 교회의 지도 체제를 위한 하나님의 계획 가운데서 장로와 관련된 내용을 잠시 살펴보았다. 위의 논의는 장로 정치 제도가 세속 사회의 조직 구조를 모방한 것일 뿐이라는 일부 칼빈주의 복

음주의자들의 주장이 설득력이 없다는 것을 보여준다.[12]

성별

교회의 지도 체제를 위한 하나님의 계획과 인간의 선호 사이에서 불거지는 또 하나의 문제는 "하나님이 교회의 지도자직을 오직 남자들에게만 맡기셨는가?"라는 문제이다. 이 문제는 지금도 계속 논란 중이다. 사도행전 6장 3절, 디모데전서 3장 2, 12절, 디도서 1장 6절이 지도자직을 남자들에게만 국한시키고 있다는 것에 대해 거의 모두가 동의하는 상황이지만 여자들도 교회의 지도자가 될 수 있다는 주장이 심심치 않게 제기된다. 1960년대의 혼란스러운 사회적 격변이 일어나고 난 후 곧바로 미국의 역사적 개혁파 교회들 안에서 여성들이 차별 없이 교회의 모든 직임에 종사할 수 있게 해야 한다는 주장이 제기된 것은 결코 우연의 일치가 아니다.

물론 인간의 선호가 교회의 일에 어떤 영향도 미쳐서는 안 된다는 말은 아니지만(즉 카펫의 색깔이나 강대상의 크기와 같은 것들까지도), 하나님의 계시를 인간의 선호와 혼동하지 않도록 주의해야 한다는 팀 켈러의 말은 매우 지당하다.[13] 때로 우리가 하나님의 계시라고 주장하는 것들이 단지 개인적 선호거나 성경의 진술에 관한 개인적 신념에 불과할 때가 더러 있다. 그러나 하나님이 가르침을 주신 그 지점에서 그 말씀은 우리를 향한 행군 명령이 되어야 한다. 교회는 그리스도의 소유다. 교회의 머리는 그리스도시다. 그러므로 우리는 우리의 정체성이나 우리가 교회로서 기능하는 방식을 스스로 결정할 수 없다. 우리는 오직 하나님의 계시에 따라 그런 것들을 결정해야 한다. 감사하게도 그리스도께서는 우리에게 말씀을 허락하셨다. 말씀 안에서 우리는 그분이 계시하신 것을 보게 되며, 그분이 자신의 교회를 어떤 방식으로 보살피기를 원하시는지를 알게 된다.

1. 하나님의 계시와 인간의 선호가 항상 충돌을 일으키는 이유는 무엇일까?

2. 하나님의 계시와 인간의 선호를 명확하게 구별하는 것이 중요한 이유는 무엇인가?

3. 성경은 어떤 식으로 교회의 정치 체제를 지도하는가?

4. 그리스도의 지상명령은 교회의 정치 제도와 어떤 관련이 있는가?

5. 신약성경이 장로들, 좀 더 구체적으로 말하면 남자 장로들이 교회를 다스려야 한다는 것을 장황하게 설명하고 있지 않은 이유는 무엇일까?

6. 서구의 그리스도인들은 감독(overseer)이라는 교회 지도자의 역할에 대해 어떤 거부 반응을 일으키는가?

추가적인 읽을거리

Daniel R. Hyde, "Rulers and Servants: The Nature of and Qualifications for the Offices of Elder and Deacon," in *Called to Serve: Essays for Elders and Deacons*, ed. Michael G. Brown (Grandville: Reformed Fellowship, 2007), 1–16.

D. Martyn Lloyd-Jones, *Authority* (Edinburgh: The Banner of Truth, 1997).

Herman Ridderbos, *Studies in Scripture and its Authority* (Grand Rapids: Eerdmans Publishing Co., 1978).

3장
교회의 직분자들을 통해 일하시는 그리스도

주일 예배와 그 이후의 교제 시간은 특별히 은혜로웠다. 말씀의 은혜가 넘친 데다가 새로운 예배자들까지 몇 명 있어서 분위기가 무척 좋았다. 한 가족이 새로 나왔는데 아버지만 제외하고는 온 가족이 예배를 즐겁게 드리는 것처럼 보였다. 그의 외모는 마치 초인적인 힘을 가진 영웅 같아 보였다. 해병대 군인인 것이 분명했다. 그의 가족과 대화를 나누는데 그의 아내가 이전의 부대와 교회를 떠나 새로 이사 왔기 때문에 안정을 찾고 싶다면서 교인 등록에 관해 물었다. 나는 어디에서 왔느냐고 물었다. 그녀는 자기가 살던 도시와 등록 교인으로 있었던 교회를 말해주었다. 나는 그녀 남편의 말이 듣고 싶어서 그에게 직접 물었다. "선생님도 같은 교회의 등록 교인이셨나요?" 그러자 그는 "저는 등록 교인과 같은 것을 원하지 않습니다. 저는 보이지 않는 교회의 지체입니다."라고 대답했다. 그 뒤로

밑도 끝도 없는 대화가 길게 이어졌다. 나는 "선생님은 그리스도인이지만 예수 그리스도께 속한 지역 교회의 일원은 아니시군요. 그렇다면 선생님은 지금 해병대에 소속된 군인인데 그것도 보이지 않는 해병대에 속했다는 의미인가요?"라고 반문하며 대화를 끝냈다.

권위의 개념은 매우 중요하다. 우리가 살아가는 시대와 장소를 고려하면 특히나 더 그렇다. 우리가 우리의 삶에 외부적인 요소가 침투하는 것을 강력하게 거부하는 시대에 살게 된 이유는 서구 민주주의의 이상과 풍요로운 삶이 가져다준 독립적인 자유로움 때문이다. "묻지도 말고, 가르치려고 하지도 말라", 곧 "누구도 나의 신앙생활에 관해 물을 권리가 없고, 그와 관련해 내게 어떻게 하라고 가르칠 권리도 없다."라는 방침이 지역 교회 안에서 암묵적으로 통용되고 있다. 아마도 모두가 그런 식의 말을 들어본 적도 있고, 어쩌면 직접 해본 적도 있을 것이다.

물론 반권위주의적인 정서는 특별히 현대에만 국한된 현상은 아니다. 이것은 아주 오래전부터 있었던 오류다. 사탄은 "하나님이 참으로…하시더냐"(창 3:1)라고 물었다. 그리고 하나님이 모세를 세워 이스라엘 백성을 애굽에서 구원해 내게 하셨을 때 한 이스라엘 사람은 "누가 너를 관리와 재판장으로 우리 위에 세웠느냐"(행 7:27)라고 따져 물었다. 그러나 놀랍게도 이 구약성경의 이야기를 기록하고 있는 사도행전의 본문을 좀 더 읽어 내려가면 "그들의 말에 누가 너를 관리와 재판장으로 세웠느냐 하며 거절하던 그 모세를 하나님은 가시나무 떨기 가운데서 보이던 천사의 손으로 관리와 속량하는 자로서 보내셨으니"(행 7:35)라는 말씀이 발견된다. 하나님이 이스라엘의 지도자로 세운 사람들 가운데 가장 뛰어난 지도자 중 한 사람이었던 모세도 처음에는 백성에게 배척을 당했다. 더욱이 주님이 직접 하늘에서 세상에 내려오셨을 때도 "자기 땅에 오매 자기 백성이 영접하지 아니하였으나"(요 1:11)라는 말씀대로 그와 똑같은 일이 벌어졌다.

심지어는 예수 그리스도의 주재권을 인정하는 우리의 마음속에도 그런 권력 다툼이 여전히 존재한다. 우리는 자율을 원하는 부패한 본성을 지녔다. 그러나 예수 그리스도께서는 "누가 너를 우리를 다스리는 자로 세웠느냐?"라는 오래된 반론에 대해 그분의 말씀을 통해 확실한 대답을 주셨다. 간단히 말해, 주님은 자기가 선택한 직분자들을 통해 교회를 다스리고 인도하신다.

그리스도께서 어떻게 직분자들을 통해 교회를 보살피시는지에 대해서는 나중에 자세히 살펴볼 예정이다. 여기에서는 교회가 직분자로 선택한 자들이 곧 예수 그리스도께서 자기를 대표하게 하려고 친히 임명하신 사람들이라는 개념에만 논의의 초점을 맞추고 싶다. 이 문제는 너무나도 중요하다. 목사, 장로, 집사들은 교회가 고용한 직원들도 아니고, 교회가 시키는 일을 하기 위해 선출된 임원들도 아니다. 그들은 하나님이 교회를 돌보게 하려고 선택하여 세우신 직분자들이다.

하나님이 실제로 직분자들을 세우시는가

로마서 13장 1-7절에서 바울이 세상의 지도자들에 관해 뭐라고 말했는지를 살펴보면 교회의 직분자들이 하나님이 선택하신 도구라는 사실을 알 수 있다. 해당 로마서 본문이 국가의 위정자들에 관한 내용이기 때문에 교회에는 적용할 수 없다는 반론은 옳지 않다. 왜냐하면 거기에 사용된 용어들이 매우 포괄적인 의미를 지니고 있기 때문이다. 바울은 1절에서 "각 사람(파사, '모든 사람'이라는 의미)은 위에 있는 권세들에게 복종하라 권세는 하나님으로부터 나지 않음이 없나니 모든 권세는 다 하나님께서 정하신 바라"라고 말했다. 성경이 가르치는 방식으로 하나님의 주권을 이해하면 대통령에서부터 목사와 부모에게 이르기까지 다스리는 권위를 지닌 사람은 모두 하나님이 선택해 세우셨다고 말할 수 있다. 바울이 말한 대로 권위자들은 "하나님의 종", 곧 그분의 사역자들이다(롬 13:4).

좀 더 구체적으로 말해 하나님은 교회 안에서 역사하시는 성령과 말씀을 통해 그분의 교회를 위해 직분자들을 선택하신다. 〈벨직 신앙고백〉은 직분자를 직분의 자리로 부르는 절차에 대하여 이렇게 요약한다. "교회는 주님의 이름을 간절히 부르면서, 하나님의 말씀이 가르치는 질서에 따라 합법적인 선거를 통해 직분자를 선출하여야 한다"(31조).[1]

하나님은 성경을 통해 구체적인 기준을 제시하셨다. 그 기준을 무시하고 직분자를 세워서는 안 된다(출 18:21, 딤전 3장). 교회의 지도자들은 성령의 인도하심과 성경의 명령에 따라 사람들을 따로 구별해 교회의 직분을 채워야 한다. 교회의 지도자들이 교인들을 영적으로 돌보는 문제를 최종적으로 결정하지만(딛 1:5), 그들은 또한 회중의 정서도 고려해야 한다(행 6:2, 3). 구약성경(출 18장, 레 8:4-6, 민 20:26, 27, 신 1:13-15)과 신약성경(행 1:12-26, 6:3, 5, 6, 고후 8:19)이 가르치는 대로 교회의 직분자들은 회중에 의해 선출된다. 사도행전 14장 23절은 루스드라, 더베, 이고니온, 안디옥의 장로들이 "거수로(케이로토네오) 선출되었다"고 암시한다.[2] 선출된 직분자들은 안수와 기도로 임명되었다(행 6:6, 13:1-3, 딤전 4:14, 딤후 1:6). 이처럼 하나님은 교회를 통해 직분자들을 세우신다. "그가 어떤 사람은…목사와 교사로 삼으셨으니"(엡 4:11, 12, 고후 5:20 참조). 우리가 소속된 교회연맹의 직분자 임명 예식서에는 "하나님이 당신 위에 세운 자들에게 복종하십시오. 왜냐하면 그들은 자신들이 청산할 자인 것처럼 당신의 영혼을 보살피기 때문입니다."라고 회중에게 권고하는 내용이 포함되어 있다.[3] 또한 우리는 장로와 집사를 세우는 예식을 거행할 때, 임직자들에게 "장로들과 집사들이여, 하나님의 교회를 통해 합법적으로 부름을 받고 있고, 또 결과적으로 바로 하나님으로부터 부름을 받고 있다고 당신의 심령 안에서 느끼십니까?"라고 묻는다.[4]

하나님이 선택하시는 직분자들은 누구인가

신약성경은 직분자들, 곧 목사들, 장로들, 집사들이 교회를 다스린다고 말씀한다(딤전 3장, 벨직 신앙고백 30조 참조). 장로와 목사는 하나님이 자기 교회를 관리하고, 보살피고, 감독하고, 가르치는 데 사용하시는 도구들이다. "목자들은 교회가 나아갈 노선을 설정하고, 교회의 사역의 모든 측면에 대해 분명한 비전을 제시해야 한다."[5]

목사와 장로의 관계를 이해하는 것은 매우 중요하다. 어떤 교회들에서는 장로들이 목사를 마치 수족처럼 부리는데 그것은 옳지 않다. 디모데전서 5장 17절은 목사, 곧 가르치는 장로를 장로들 가운데 가장 영예로운 장로로 묘사했다. 목사도 장로이지만 그의 직임이 특별한 이유는 그에게 주어진 소명 자체가 너무나도 분명하고 특별하기 때문이다.[6] 물론 목사도 자기가 목양하는 양 떼에 속한 다른 장로들을 지배하려고 해서는 안 된다. 베드로는 이렇게 말했다.

"너희 중 장로들에게 권하노니 나는 함께 장로 된 자요 그리스도의 고난의 증인이요 나타날 영광에 참여할 자니라 너희 중에 있는 하나님의 양 무리를 치되 억지로 하지 말고 하나님의 뜻을 따라 자원함으로 하며 더러운 이득을 위하여 하지 말고 기꺼이 하며 맡은 자들에게 주장하는 자세를 하지 말고 양 무리의 본이 되라"(벧전 5:1-3).

베드로는 장로들(프레스부테로스)에게 말하면서 자신을 "함께 장로 된 자(숨프레스부테로스)"라고 일컬었다. 헬라 문헌에서 이 용어를 사용한 사람은 베드로뿐이다. 그는 자신을 그렇게 일컬음으로써 사도의 권위를 내세워 그들 위에 군림하려고 하지 않고, 함께 목양 사역에

종사하는 동료임을 자처했다.[7]

사도행전 6장에 보면 교회에서 말씀 사역을 돕는 역할을 하기 위해 종들로 구별되어 세워진 사람들을 발견할 수 있다. 그들이 맡았던 종의 소명은 집사라는 직분으로 알려지게 되었다. 사도들은 그들이 그리스도께서 세우신 직분자들이라는 것을 인정하는 표시로 그들에게 안수했다. 그들은 빌립보서 1장 1절에서 감독들과 나란히 교회의 직분자들로 언급되었다. 집사들의 임무는 과부와 빈자들, 특히 교회 안에 있는 과부와 빈자들을 돌보는 것이었다(행 6:1, 2; 갈 6:10). 집사들은 고용된 관리인이나 회계원이 아니다. 그들은 그리스도를 대표한다. "그리스도께서는 집사의 직분을 통해 자신의 제사장적 사역을 계속해서 수행하신다."[8] 그리스도께서는 이스라엘의 제사장들이 병자와 빈자들에게 했던 것처럼 집사들을 통해 값없는 은혜를 베푸는 사역을 하고 계신다.[9] 우리가 섬기는 교회에서 집사들을 세울 때 사용하는 예식서에는 "집사의 직분은 그리스도를 대신해 그분의 관심과 사랑을 나타내는 것이다."라는 문구가 포함되어 있다.[10] 집사들은 그리스도의 긍휼을 나타내는 공식적인 사역자들이기 때문에 항상 "성령과 지혜가 충만한" 상태로 의무를 이행해야 한다(행 6:3).

집사들은 그런 지위를 이용해 그리스도의 복음이 제공하는 값없는 은혜를 전파하는 일이 실질적인 효력을 발휘하도록 도울 수 있다. 그들은 말씀을 전하거나 교회를 다스릴 권한은 없지만 자애로우신 그리스도를 대신해 사랑을 베푸는 일을 하는 권한을 지니고 있다.[11] 사도들이 말씀 전파와 치유 사역을 했던 것처럼 오늘날의 교회도 목사들을 통해서는 말씀 전파를, 집사들을 통해서는 물리적인 도움을 제공하는 사역을 이행한다.[12]

그들이 조화를 이루면서 협력하여 일하면, 집사들의 사역 덕분에 목사는 설교에 전념할 수 있게 되며 이를 통해 말씀에 하나님의 축복이 임하고 신자의 수가 날로 증가하는 결과가 나타난다(행 6:7). 여담이지만, 교회의 집사들이 대부분의 경우에 빈궁한 신자들에게 헌금을 융자로 제공하지 않고, 거저 베푸는 데에는 이유가 있다. 돈을 빌려주는 것은 복음의 값없는 은혜를 전하는 데 도움이 되지 않는다. 그런 일은 빚을 통해 오히려 또 다른 속박을 낳는다(잠 22:7). 집사들은 물질을 값없이 베풀면서 "이것은 그리스도의 이름으로 베푸는 냉수 한 잔입니다. 가서 하나님의 영광과 영예를 위해 이것을 사용하세요."라고 말할 수 있다. 나는 다 자란 성인들이 집사들을 통해 예수님의 이름으로 값없이 베푸는 도움을 받고서 감사와 기쁨의 눈물을 흘리는 모습을 여러 번 목격했다. "질서가 잘 갖춰진 집사의 사역은 교회가 하나님의 은혜의 복음을 전파하는 데 없어서는 안될 중요한 사역이다."[13]

장로와 집사의 리더십이 지니는 실천적 의미

이 모든 것이 어떤 실천적 의미를 지니고 있을까? 첫째, 하나님의 직분자들은 이름뿐인 지도자들이 아니다. 그들은 실제로 목자가 되어야 한다. 장로 제도를 비판하는 사람들은 장로들이 대개 경건한 믿음을 지닌 훌륭한 사업가들이긴 하지만 그렇다고 그들 모두가 영혼을 돌보는 능숙한 목자가 될 수 있는 것은 아니며, 회사 임원처럼 행동할 가능성이 높다고 지적한다.[14] 이것이 사실임을 뒷받침하는 일화적 증거들이 적지 않기 때문에 우리는 이런 비판에 귀를 기울여야 할 필요가 있다. 하지만 성경에서는 그런 증거가 발견되지 않는다. 사도행전 20장은 단지 다스리는 사역의 관점에서만이 아니라, 가르치는 사역의 관점에서 교회의 지도 체제를 묘사한다. 장로들은 단지 결정을 내리는 일만 하는 것이 아니고, 목사들은 단지 성경 지식을 전달하는 사람이 아니며, 집사들은 단지 물질적인 도움을 베푸는 사람이 아니다. 하나님의 직분자들은 모두 참되고 희생적인 태도로 교회를 돌볼 책임이 있다. 그들은 교회 안에 있는 신자들의 몸과 영혼을 돌봐야 한다. 그들은 회중 전체의 안녕과 증언에 주의를 기울이고, 하나님의 보편 교회에 관심을 기울여야 한다. 우리가 사역하는 교회들이 속해 있는 교회 연맹체의 교회 헌법은 "끊임없는 기도"를 목사와 장로와 집사의 첫 번째 의무로 제시함으로써 직분자들의 영적 임무를 강조한다.[15] 목사와 장로들이 자기가 이끄는 교회의 상태에 대해 불평을 늘어놓기는 매우 쉽다. 그러나 경건한 지도자들은 자신이 변화의 역군이자 비전 제시자가 되어야 한다는 것을 잘 알고 있다. 지도자들이 교회 안에서 일어나는 잘못을 책임지지 않는다면 누가 책임을 지겠는가? 교회 안에서 목양 사역이 잘 이루어지고 있는지를 진단하려면 "목사, 장로, 집사들이 정기적으로 교인들을 심방해 그들의 영적, 물리적 건강 상태를 점검하는가?"라는 질문을 생각하면 도움이 될 것이다.

둘째, 교회의 직분자들은 존경을 받아야 한다(딤전 5:17). 목사와 장로들에게 적용되는 것은 집사들에게도 똑같이 적용된다. 요즘에는 집사들의 사역이 존중받지 못하고 있는 것이 사실이다. 많은 집사들이 경제적인 조언을 제시할 때 지나치게 조심스러운 태도를 보여야 하는 이유는 아마도 돈 문제가 사적인 문제로 취급되기 때문일 것이다. 그러나 사람들이 라디오 프로그램에는 전화를 걸어 경제적인 조언을 구하면서 자신들을 잘 알고 있는 집사들에게는 조언을 구하려고 하지 않는 것은 참으로 아이러니한 일이 아닌가 싶다. 더욱이 사람들은 라디오 프로그램에 출연한 사람의 경제적인 조언을 집사의 조언보다 더 귀담아듣곤 한다.

교회 집사가 가만히 다가와서 사랑과 동정이 어린 태도로 "형제가 경제적 우선순위를 결정하는 방식이 조금 걱정스럽습니다. 자동차에 소비하는 비용 때문에 십일조를 내는 일이 방해를 받고 있어요. 또 그동안 소비가 많아 빚도 지고 있고요. 그것은 하나님의 뜻에 역행되는 일입니다. 대학을 몇 학기 쉬면서 재정적인 책임성부터 배워야 할 것 같습니다."라고 말했다고 가정해보자. 그 말에 어떻게 반응하겠는가? "누가 당신을 관리와 재판장으로 내 위에 세웠소?"라고 말하겠는가? 앞서 말한 대로 직분자들을 통해 교회를 보살피시는 분은 바로 하나님 자신이시다.

이번에는 또 다른 상황을 가정해보자. 어느 날 집사들에게 경제적 도움을 요청했다. 그런 일은 교회에 속한 모든 신자들이 편안하게 할 수 있는 일이다. 요청을 받은 집사들이 구제 신청서를 내주었다. 신청서에는 수입과 지출 내역을 적어 넣는 공간이 마련되어 있었다. 그것을 보고 "당신들이 누군데 이런 질문들을 하는 것이요?"라고 묻는다면 집사들은 "우리는 하나님의 사역자들입니다."라고 대답할 것이다.

집사들이 존경받아야 하는 것처럼 목사와 장로들도 존경받아야 한다. 요즘의 교인들은 목사를 매우 낮게 평가하고 있다. 교인들이 목사들에게 말을 하거나 그들에 대해 말할 때의 태도, 목사의 조언을 무시하거나 전혀 따르려고 하지 않는 태도, 목사의 수고에 비해 사례가 변변치 않은 경우가 많은 것 등이 그런 사실을 입증하는 증거다. 그러나 하나님은 목사를 존경하라고 말씀하신다(딤전 5:17, 18, 히 13:7). 16세기의 〈벨직 신앙고백〉은 이렇게 말한다. "하나님의 이 거룩한 명령을 거역하거나 경시하지 않으려면 모두가 하나님의 말씀의 사역자들과 교회의 장로들을 그들이 맡은 일로 인해 높이 존중하고, 되도록 불평과 다툼과 논쟁 없이 그들과 화목하게 지내야 한다"(31조).[16] 우리가 섬기는 교회들에서 사역자를 세울 때 사용하는 예식서에도 성경에 근거한 권고의 문구가 포함되어 있다.

사랑하는 그리스도인들이여, 이 사람을 주님 안에서 여러분의 사역자로 기쁘게 받아들이고, 존중하기 바랍니다. 하나님이 친히 그를 통해 여러분에게 말씀하시고 호소하신다는 사실을 잊지 마십시오.

그가 성경에 따라 여러분에게 전하는 말씀을 사람의 말이 아닌 하나님의 말씀으로 받아들이십시오. 화평의 복음을 전하고, 선한 좋은 소식을 나르는 그들의 발을 아름답고 즐겁게 여기고, 여러분을 다스리는 자에게 복종하고 순종하십시오. 왜냐하면 그는 여러분의 영혼을 위해 경성하기를 자신이 청산할 자인 것처럼 하기 때문입니다. 그가 이 일을 근심이 아닌 즐거움으로 할 수 있게 해야 합니다. 그렇지 않으면 여러분에게 유익이 없습니다.

이 권고의 말은 격려의 내용으로 끝을 맺는다.

그렇게 하면 하나님의 평강이 여러분의 가정에 임할 것입니다. 이 사람을 선지자의 이름으로 영접하면 선지자의 상을 받게 될 것이고, 그의 설교를 통해 그리스도를 영접하면 영생을 기업으로 받게 될 것입니다.[17]

장로와 집사를 임명하는 예식서도 이와 비슷한 내용으로 끝을 맺는다.

사랑하는 그리스도인들이여, 이 형제들을 하나님의 종으로 받아들여 매일 기도로 그들을 지원하십시오. 주님 안에서 장로들에게 복종하고, 그들을 존중하며, 격려를 아끼지 마십시오. 하나님의 자녀 가운데 가장 작은 자에게 한 것이 곧 그분께 하는 것이라는 사실을 기억하고 어려운 자들에게 베풀 수 있는 선물들을 집사들에게 풍성하게 제공해주십시오. 하나님이 장로들의 사역을 통해서는 우리에게 그리스도의 주재권을 일깨워주시고, 집사들의 사역을 통해서는 구원자이신 주님의 사랑과 보살핌을 알게 해주시기를 기원합니다.[18]

교회 안의 권위를 대하는 우리의 태도가 곧 하나님의 권위를 대하는 우리의 태도를 반영한다. 권위를 거부하는 교회는 질서가 잘 갖춰진 건강한 교회와는 거리가 멀다. 물론 요즘에 하나님의 직분자들을 낮게 평가하는 현상이 나타나는 이유 중에는 일부 직분자들의 도덕적 수준이 낮은 탓도 없지는 않다. 그러나 우리의 신실함은 다른 타락한 사람들의 신실함에 의존하지 않는다. 다행히도 그리스도께서는 직분자들의 상태나 그들을 바라보는 시각이 아무리 쇠퇴하여도 항상 자신이 선택하신 직분자들을 통해 자기 교회를 보살피신다. 이런 지도 체제를 받아들이면 교회의 질서가 잘 갖춰질 수 있고, 더 나아가 큰 기쁨과 영원한 생명을 얻게 될 것이다.

1. 권위에 복종하기가 그토록 어려운 이유가 무엇일까? 이런 어려움은 교회의 건강에 어떤 영향을 미치는가?

2. "하나님이 이 교회를 위해 직분자들을 선택하신다."는 말을 어떻게 생각하는가?

3. 장로와 목사의 직임을 간단하게 설명하라. 그 둘은 어떤 관계를 맺고 있는가?

4. 집사의 직임을 간단하게 설명하라. 그들의 직임은 말씀 사역과 어떤 관계를 맺고 있는가?

5. 직분자는 하나님이 자기를 교회를 보살피게 하려고 선택하셨다는 사실을 얼마나 심중하게 받아들여야 할까?

6. 직분자가 아닌 사람들은 하나님이 자기 교회를 보살피게 하려고 직분자들을 선택하셨다는 사실을 얼마나 심중하게 받아들여야 할까?

추가적인 읽을거리

Peter Y. De Jong, *Taking Heed to the Flock: A Study of the Principles and Practice of Family Visitation* (1948; reprinted, Eugene, OR: Wipf & Stock, 2003). 피터 Y. 데용, 《개혁교회의 가정 심방》(개혁된실천사 역간).

———, *The Ministry of Mercy for Today* (1952; reprinted, Eugene, OR: Wipf & Stock, 2003).

William Heyns, *Handbook for Elders and Deacons: The Nature and the Duties of the Offices According to the Principles of Reformed Church Polity* (Grand Rapids: Wm. B. Eerdmans Publishing Company, 1928), 13–30.

J. L. Schaver, *The Polity of the Churches, Volume 1: Concerns All theChurches of Christendom* (Chicago: Church Polity Press, 1947), 133–176.

3부

일치

4장
교단 내에서의 일치

나는 전에 낯선 이방인의 신분으로 남반구에 있는 다른 대륙의 다른 나라에서 다른 언어를 사용하는 사람들 사이에 서 있었던 적이 있다. 그런 기분을 느껴본 적이 있는가? 그때 낯익은 가락의 음악이 흘러나오기 시작했다. 사람들은 내가 모르는 언어로 찬송을 부르기 시작했지만 나는 스크린에 투영된 가사를 보고 따라 불렀다.

Não fosse Deus, que_o diga Israel,

Se_ao nosso lado não viesse_estar,

Quando se_ergueram homens contra nós,

Com toda ira vindo sobre nós,

Vivos seríamos tragados, pois.

2011년 여름, 우리는 브라질의 마라고기에서 우리에게 "시편 찬송 124장"으로 알려진 찬송가를 16세기 제네바 선율에 맞춰 불렀다. 그 찬송가의 가사는 시편 124편의 내용으로 이루어져 있다.

이스라엘은 이제 말하기를
여호와께서 우리 편에 계시지 않으셨더라면
여호와께서 우리 편에 계시지 않으셨더라면
그때에 그들의 노여움이 우리에게 맹렬하여
우리를 산 채로 삼켰을 것이라.[1]

이것이 교회의 보편성이다. 교회의 보편성은 "일치"라는 주제, 곧 "지역 교회들이 보편 교회의 지체들로서 다른 지역 교회들과 어떤 관계를 맺어야 하는가?"라는 주제와 자연스레 연결된다.

"에큐메니컬"이라는 용어는 그리스도의 몸을 구성하는 교회들 사이에 존재하는 연합을 가리킨다. 이 말은 "전 세계적인"이라는 뜻을 가진 헬라어 "오이쿠메네"에서 유래했다. 이번 장에서 우리가 취하는 입장은, 다양한 지역 교회들 각각이 그리스도의 한 몸을 지상에서 드러내는 현현인 동시에, 생각이 같은 다른 교회들과 언약적 관계 아래 하나로 연합해야 한다는 것이다. 헤르만 바빙크(1854-1921)의 말을 빌려 말하면 "모든 지역 교회는 각각 그리스도의 몸을 나타내는 동시에 또한 더 큰 전체 몸의 일부이다."[2]

그러나 다음의 논의를 통해 분명하게 밝혀지겠지만, 단지 교회들의 연맹체(federation)에 가입하는 것만으로는 충분하지 않다. 하나의 연맹체 안에서 어떻게 기능해야 하는지를 옳게 이해하는 것이 반드시 필요하다. 다시 말해 이번 장은 교회의 연합과 협력에 관한 원리들을 설명하고 그 실천적인 방법들을 다룬다. 이 주제는 언뜻 교회에 관한 저 높은 곳의 이야기처럼 보일 수도 있지만 사실은 매우 실천적인 문제이다. 내가 다니는 교회가 좀 더 폭넓은 교회적 상황 안에서 다른 교회들과 어떤 관계를 맺느냐 하는 문제는 한 교회에 속한 신자들이 다른 교회에 속한 신자들과 관계를 맺는 방식에 대한 구체적인 지침을 제공한다. 배타성이 강한 교회들은 교인들을 편협하고, 교만하게 만들 가능성이 있다. 반대로 다른 교회들과 마구잡이로 제휴하는 교회들은 교인들이 개인적인 삶 속에서 신학적 한계를 설정할 수 없게 만들거나 그렇게 하기를 싫어하게 만들 가능성이 있다.

핵심 구분

이번 장에서 우리는 교단 내부적 관계(4장)와 교단 외부적 상호협력(5장)을 구분할 것이다. 이런 구분이 정당화되는 이유는 교회들 간의 협력과 일치의 정도가 그들의 신학적(심지어는 지리적, 문화적) 유사성에 비례하기 때문이다. 교회들은 자신과 가장 가까운 교회들과 유기적으로 연합할 것이다. 그러나 교단 내에서든 밖에서든, 모든 교회는 그 유기적인 공동체 외부의 교회들과 어떻게 관계를 맺어야 하는지를 신중하게 생각할 필요가 있다.

핵심 정의

이번 장에서 "교단"(denomination)과 "연맹체"(federation)라는 말이 상호 교차적으로 사용될 것이다. 아마도 현대적 상황에서 "네트워크"라는 용어가 이와 가장 비슷한 의미를 지닌 용어인 듯하다. 우리는 모든 사람이 우리 생각에 동의하지는 않으리라는 사실을 알고 있으며, 아울러 이런 용어들이 제각기 그 나름의 한계를 지니고 있음도 알고 있다.

"교단"은 과거의 교회 경험 때문에 많은 신자들에게 위계와 정치라는 부정적인 이미지를 심어주었을 뿐 아니라 교회들이 함께 뭉쳐야 하는 이유를 적절하게 설명해주지 못한다. "교단"이란 용어는 단지 "교회 또는 종교의 자치적 분파로 인정되는 것"을 가리킨다.[3] 그러나 역사적 기독교 교단은 그 이상의 의미를 지닌다. 교단은 동일한 교리를 고백하고, 하나님의 영광과 공동의 이익을 추구하기 위해 서로 서약하거나 "연맹한" 교회 집단을 뜻한다.

한편 "연맹체"는 지나치게 독립적인 느낌을 준다. 곧 "그 누구도 우리 교회에게 무엇을 하라고 지시할 수 없어."라고 말하는 듯한 뉘앙스를 풍긴다.[4] 그러나 이 말이 "서약"을 뜻하는 라틴어 "포에두스"에서 유래했다는 것을 알면 그런 이해가 온당하지 않다는 것을 알 수 있다. 교회 연맹이라는 것은 교회들이 믿음 안에서의 일치

에 근거해 서로 협력해서 일하기로 **약속하는 것**을 의미한다.[5]

마지막으로 "네트워크"라는 용어도 서로 유사한 교회 사이의 관계를 묘사하기에 다소 불충분해 보인다. 사전적 의미의 "네트워크"는 비슷한 관심이나 취미를 가진 사람들이 서로를 돕거나 지지하기 위해 구축한 비공식적인 연락망을 가리킨다. 요즘에 교회 상호 간의 관계와 관련해서 네트워크라는 용어가 큰 인기를 누리는 이유는 바로 그런 비공식적인 특성 때문이지만, 우리가 생각할 때는 이러한 비공식성이야말로 그 가장 큰 약점이 아닐 수 없다. 아무튼 이용어들은 긍정적인 면도 있고 부정적인 면도 있다. 우리는 다만 위계적인 전횡 체제를 피하는 동시에 회중의 절대적인 자치성도 피하길 원한다.

예비적인 질문

교회 일치를 생각할 때 가장 먼저 떠오르는 질문은 **"얼마나 큰 범위의 일치에 대해 말하고 있는가?"**이다. 현대의 교회 일치 운동은 자칭 그리스도인이라고 하는 사람이면 누구든지(심지어는 자신을 종교적이라고 생각하는 사람들까지) 하나로 연합시키려고 한다. 그러나 우리가 말하는 교회 일치는 참된 교회들의 연합을 의미한다(벨직 신앙고백 29조). 왜냐하면 "두 사람이 뜻이 같지 않은데 어찌 동행하겠으며"(암 3:3)라는 성경 말씀도 있듯이, 교회들의 일치는 반드시 믿음과 신앙고백 안에서의 연합에 근거해야 하기 때문이다.

하나님의 뜻을 따르지 않는 사람들과 하나님의 이름 안에서 교제하는 것은 질투하시는 하나님의 진노를 일으키는 결과를 낳는다(고전 10:14-22). 바울은 거짓 복음을 전하는 자들이 하나님의 저주를 받을 것이라고 말했다(갈 1:6-9). 따라서 복음을 믿는 교회들은 그렇지 않은 교회들과 연합할 수 없다. 진정한 그리스도의 몸은 그분의 지체들로 이루어진다. 우리는 그 몸 안에 그리스도의 지체가 아닌 사람들을 포함시킬 수 없다(엡 4:16, 17).

두 번째 질문이 좀 더 독립적인 성향을 지닌 교회들 안에서 제기될 수 있다. 그것은 **"독립주의가 비성경적인가?"**라는 질문이다. 그러면 교회들이 생각이 같은 다른 교회들과 연맹 관계(federative relation)를 반드시 형성해야만 하는가? 연맹 관계를 형성해야 한다 함은 교회가 독립적으로 존재할 수 **없다는** 말이 아니며 단지 독립적으로 존재해서는 **안 된다는** 의미이다. 모든 지역 교회가 다른 교회들과 교제를 나누는 것이 좋은 이유는 그것이 유익하기 때문이다. 독립 교회는 성경적인 범례에 부합하지도 않고, 실천적인 차원에서 교회를 유익하게 하지도 못한다.

마지막으로 세 번째 질문은 **"교회 연맹이 지역 교회의 자치성을 침해하는가?"**이다. 사실 자치성이라는 말은 지역 교회를 묘사하는데 적합하지 않다. 절대적인 의미에서 그 어떤 교회도 완전한 자치권을 지닐 수 없다. 우리는 교단 회의의 결정이 성경에 근거하는 한 "공경심과 복종으로 그것을 받아들여야 한다"고 믿는다(웨스트민스터 신앙고백 31장, 3항). 대회나 총회나 노회와 같은 주요 회의들은 지역 교회 안에 존재하는 권위와 종류가 다른 별개의 권위를 지니고 있지 않으며, 다만 분량 면에서 구분된 권세와 권위를 갖는다. 지역 교회의 다스리는 기관과 교회들의 회의는 똑같이 그리스도의 권위를 갖는다. 차이라고는 지역 교회의 장로들은 그리스도로부터 부여받은 직접적인 권위를 가지고 있고, 교회들의 회의는 지역 교회에서 파견된 대표자들로 구성되기 때문에 간접적인 권위를 가지고 있다는 점이다. 한 저자는 "교회의 모든 권위가 예수 그리스도의 부르심을 통해 직분자들에게 주어진다. 아울러 그것은 교회의 동의를 거쳐 주어진다. 이것이 교회가 직분자들, 곧 장로들과 집사들을 지명해서 선출하는 이유다. 어떤 교회도 자기들이 직접 선택하지 않은 직분자들에 의해 다스림을 받아서는 안 된다."라고 말했다.[6] 다시 말해 복수 교회가 모인 회의는 그들의 수 때문에 더 많은 권위를 지니는 것이 아니다. 그것은 오직 성경에 근거한 입장을 취할 때만 그 권위가 인정된다. 이런 이유로 〈웨스트민스터 신앙고백〉은 "사도 시대 이후로 모든 총회와 대회는 전체적으로든 개별적으로든 오류를 저지를 수 있고, 또 많은 오류를 저질러 왔다."라고 진술했다(31장 4항). 이들 회의는 단지 지역 교회 지도자들에 의해 합당하게 대표되는 교회들을 위해서만 결정을 내린다.

교회 연맹체를 지지하는 논거

그렇다면 교단, 교회 연맹체, 네트워크와 같은 개념이 과연 성경에 부합할까? 오늘날 우리는 이미 교단이라는 "현대적"이고 분리적인 개념을 넘어서지 않았는가? 이러한 질문들에 답하기에 앞서 먼저 성경이 특정 형태의 교회 정치 체제를 상세하게 가르치지 않으며, 교단적 구조에 대해서는 더더욱 그렇다는 사실부터 인정할 필요가 있다. 20세기의 한 저자는 교회론을 다루면서 "어떠한 교회 정치 제도든지 신자의 개인적인 권리, 그리스도 아래에서 이루어지는 사역의 대표적인 성격, 교회의 일치라는 세 가지 중요한 원리를 진지하게 고려해야 한다."라고 말했다.[7] 우리는 개혁파 장로교회 정치 제도에 근거한 교단 구조가 이 세 가지 원리를 가장 균형 있게 구현하고 있다고 확신한다. 이 세 가지 원리를 진지하게 고려하면 장로 정치 제도를 지지할 수밖에 없는 네 가지 논거를 발견할 수 있다.[8] "장로 정치 제도"란 모든 지역 교회가 다수의 장로로 구성된 지도 체제에 의해 다스림을 받는 것을 말한다. 지역 교회의 장로들은 회중을 감독하는 "당회"를 구성한다. 또한 두 개 이상의 "당회"가 모여 "노회(장로회)"를 구성하고(딤전 4:14), 여러 개의 노회가 모여 총회를 구성한다. 이미 구약 시대의 교회 내에도 여러 단계로 이루어진 대표 체제가 구축되어 있었던 것을 알 수 있다(출 18:21-25). 모세가 맨 위에 있었던 것처럼 교회 연맹체 안에서도 그리스도께서 맨 위에 계신다. 그러나 우리가 여기에서 강조하려는 종합적인 원리는 하나님의 백성들 가운데는 넓은 차원에서든 좁은 차원에서든 항상 대표 체제가 존재한다는 것이다.

첫째, 신약성경은 "**몸의 원리**"를 강조한다. 고린도전서 12장이 특히 그렇다. "몸은 하나인데 많은 지체가 있고 몸의 지체가 많으나 한 몸임과 같이 그리스도도 그러하니라"(고전 12:12). 개개의 신자는 지역 교회의 지체들이다. 이 비유를 좀 더 확대하면 개개의 교회는 보편 교회의 지체라고 말할 수 있다. 다시 말해 몸의 지체들이 몸과 분리되어 있지 않은 것처럼 개개의 교회들도 서로 분리되어 존재하지 않는다. 이런 점에서 절대적인 독립성을 지닌 교회는 이론적으로든 실천적으로든 교회의 의미를 지나치게 축소하는 것이다. 교회의 각 지체는 다른 지체들과 전체에 대해 책임을 지니고 있다.[9] 현실적으로는 독립교회들이나 초교파교회들도 종종 스스로 교단 역할을 할 때가 많다.

둘째, 성경이 **교회들 사이의 심각한 협력 관계**를 보여준다. 초대교회의 목사들과 장로들은 온 세상의 교회들에게 영향을 미칠 중요한 결정을 내리기 위해 함께 모였다(행 15:1-35). 골로새 교회와 라오디게아 교회에게는 서로의 유익을 위해 바울 사도가 쓴 편지를 서로 교환해서 읽으라는 명령이 주어졌다(골 4:16). 그와 비슷하게 요한계시록에 등장하는 일곱 교회도 대도시를 중심으로 존재하는 교회들로서 함께 연합해서 사역했던 것으로 나타난다. 그들은 모두 요한이 써 보낸 계시의 내용을 받아보았다(계 1:11, 20). 바울은 디도에게 그가 보살피는 교회에 관심을 기울이는 데 그치지 말고, 그레데섬의 각 성읍에서 장로들을 세우라고 지시했다(딛 1:5). 아울러 바울은 교회들에 당부하길, 경제적으로 어려운 교회들에 관심을 기울이고 도우라고 했다(고후 8, 9장; 빌 4장).

셋째, 세 번째 논거는 **역사적인 선례**에 관한 것이다. 신약성경이 완성된 이후 교회의 초석을 놓았던 사도들은 모두 사라졌지만 사도행전 15장에 언급된 교회 회의는 지금까지 계속해서 존속해 왔다. 150년에 초기 교회의 교회 회의가 있었다는 증거가 있다. 3세기에 접어들면 그런 식의 교회 회의가 일반적인 일이 되었고, 교회 회의의 결정은 대표자를 보낸 교회들에 대해 구속력을 지녔다.[10] 4세기에서부터 8세기까지는 범교회적, 또는 보편적이라고 일컬어질 수 있는 교회 회의가 일곱 차례 열렸다. 이처럼 한 지역의 교회들이 중요한 문제를 협의하기 위해 함께 연합하는 것은 역사적인 관습이었다.

넷째, **개개의 교회들이 고유한 한계를 지니는** 것은 분명한 사실이다. 우리는 개인적인 차원에서 다른 사람들의 영적 은사를 빌려 우리 자신의 약점을 보완할 수 있다. 그와 마찬가지로 교회적인 차원에서도 개개의 교회는 다른 교회들의 영적 은사를 통해 스스로의 약점을 보완할 수 있다. 개인의 생각은 한계가 있다(고전 13:9, 10). 그것이 우리가 복수의 장로가 필요하다고 믿는 이유 가운데 하나다. 목사 한 사람만을 다스리는 장로로 인정하는 교회들은 어려움에 직면할 가능성이 크다. 이런 이유로 우리는 다른 교회들과 연맹체를 구성하는 것이 온당하다고 생각한다. 하나의 지역 교회는 지리적 위치, 지혜, 과거의 경험, 배경 등 여러 측면에서 한계를 지닌다. 그러나 교회들이 함께 연합하면 인간적인 약점을 보완하고, 다양한 조언자들의 지혜를 통해 유익을 얻을 수 있다(잠 11:14). 교회 연맹체는 교회에 대한 우리의 근시안적인 생각은 물론, 우리의 죄성에 대한 견제와 균형을 제공한다.

교회의 연맹 관계에서 비롯하는 실천적인 유익

지금까지 교회 연맹체를 지지하는 논거를 몇 가지 제시했다. 이번에는 교회 연맹체 안에서의 교제를 통해 얻을 수 있는 실천적인 유익을 몇 가지 살펴보자.

첫째는 이견을 처리하는 문제와 관련된다. 교회 연맹체가 없으면 이견을 쉽게 해결하기가 어렵다. 성경적인 사례를 한 가지 들면 예루살렘 교회 회의다(행 15장). 바울과 바나바는 이방인들도 그리스도를 믿으려면 유대교의 관습을 지켜야 한다고 주장했던 유대주의자들과의 갈등을 스스로 해결하기가 어려웠다. 이 때문에 바울과 바나바는 안디옥 교회의 요청에 따라 이 문제를 사도들과 장로들 앞에 상정했다. 그 결과 예루살렘 교회 회의에서 이루어진 결정이 수리아와 소아시아에 있는 여러 교회에 적용되었다. 그 결정은 단순한 권고가 아닌 구속력을 지닌 원칙으로 받아들여졌다.[11]

둘째, 교회 연맹체에 속한 지도자들과 교인들의 상호 교제를 촉진한다. 대다수 사람은 동료들과 정기적으로 교제를 나눈다. 독립교회의 목사들과 장로들은 그런 식의 협력 관계를 유지할 기회를 누리기 어렵다. 교단 연맹체 안에 속한 교회들은 이따금 방문하는 동료 목사들과 교제를 나누는 유익을 누릴 수 있다.

셋째, 교회 연맹체에 속한 소속 교회들은 서로서로 재정적으로 지원한다(롬 15:25-27). 1세기의 교회들은 사역에 서로 열심히 협력했다. 마게도냐(빌립보, 데살로니가, 베레아)의 교회들은 바울이 고린도 교회에서 사역하는 동안 그를 재정적으로 도왔다(고후 8:1-5). 교회 연맹체에 속하는 데서 비롯하는 부작용 가운데 하나는 재정이 어려운 교회들이 도움을 요청할 때가 많다는 것이다. 그러나 그것은 그래야만 하는 일이다.

넷째, 교회 연맹체는 복음 사역을 촉진한다. 예를 들어 안디옥 교회는 바울과 바나바를 다른 지역에 파송했고(행 13장) 고린도 교회는 예루살렘 교회를 도왔다(고후 8, 9장).

다섯째, 교회 연맹체는 지혜로운 조언을 제공한다. "지략이 없으면 백성이 망하여도 지략이 많으면 평안을 누리느니라"(잠 11:14). 성경에 근거한 책망으로 우리를 바로잡아줄 사람들이 필요하다(딤후 3:16, 17). 우리와 똑같은 방식으로 성경을 이해하는 사람들의 조언을 가치 있게 받아들여야 한다는 것은 두말할 필요도 없다. 우리가 속해 있는 교단은 "교회 심방"이라는 프로그램을 운영하고 있다. 2년마다 한 차례씩 다른 교회들의 직분자들이 각 교회를 정기적으로 방문해서 책임감을 일깨워주고, 격려의 말을 건넨다.[12]

우리의 말을 오해하지 말기 바란다. 교회 연맹체가 모든 문제를 다 해결할 수는 없다. 그러나 우리는 이러한 개혁파의 비전이 성경의 가르침을 반영하고, 교회들을 유익하게 한다고 믿는다. "이 제도는 한편으로는 순수한 민주주의의 불확실한 요소를 피할 수 있게

도와주고, 다른 한편으로는 감독제 정치에서 발견되는 성직자의 독재를 막을 수 있게 도와준다. 이것은 지나치게 넓게 퍼지지도 않고 지나치게 좁게 집중되지도 않은 정치 형태에 해당한다."[13]

1. "일치(ecumenicity)"라는 용어는 무슨 의미인가?

2. 에큐메니컬 관계가 우리 시대에 어떻게 남용되어 왔는가?

3. 교파주의와 관련해 제기될 수 있는 우려는 무엇인가?

4. 독립주의와 관련해 제기될 수 있는 우려는 무엇인가?

5. 교회 정치에 대한 개인의 구체적인 견해와 상관없이, 성경에 언급된 교회
   들이 실천적 차원에서 서로 어떤 식으로 관계를 맺었는지를 보여주는 사
   례들을 제시해보라.

6. 고린도전서 12장의 "몸의 원리"는 교회 상호 간의 관계에 대해 어떤 통
   찰력을 제공하는가?

추가적인 읽을거리

J. De Jong, *Bound Yet Free: Readings in Reformed Church Polity* (Winnipeg: Premier Publishing, 1995).

William Heyns, *Handbook for Elders and Deacons: The Nature and the Duties of the Offices According to the Principles of Reformed Church Polity* (Grand Rapids: Wm. B. Eerdmans Publishing Company, 1928), 41 – 48.

J. L. Schaver, *The Polity of the Churches, Volume 1: Concerns All the Churches of Christendom* (Chicago: Church Polity Press, 1947), 79 – 107.

5장
교단 밖에서의 일치

나는 "개혁파"와 관련된 모든 것들이 너무나 생소해서 집 근처의 개혁교회에 전화를 걸어 목사와 대화를 나눠보기로 했다. 그는 전화를 받더니 "네, (○○동) 교회입니다."라고 간단히 대답했다. 나는 그가 잘못 대답한 줄로 생각했다. 왜냐하면 (○○동) 개혁교회에 전화를 걸었는데 "개혁"이라는 용어를 전혀 언급하지 않았기 때문이다. 그와 대화를 나눠보니, 그는 우리 지역에서 오직 자기 교회만이 참 교회이고 다른 교회들은 모두 교회가 아니라고 생각하고 있었다.

자신의 교회를 어떻게 생각하는가? 엘리야처럼 "오직 나만 남았거늘"(왕상 19:10)이라고 생각하는가? 엘리야가 아합 왕 시절에 겪었던 것만큼 절망스러운 교회 상황에 처한 사람은 우리 중에 아무도 없다. 그런데도 우리 가운데는 다른 사람들이 주님을 섬기는 방식을 우습게 여기거나 그들이 존재한다는 사실조차 인정하기 싫어하는 사람들이 적지 않다. 엘리야는 오직 자기 혼자만 참 신자라고 믿었다. 하나님은 그에게 이스라엘 안에 바알에게 무릎을 꿇지 않은 사람들이 칠천 명이나 남아 있다는 사실을 상기시켜 주심으로써 그의 배타적인 생각을 부드럽게 책망하셨다(왕상 19:18). 주님은 그가 훨씬 더 교회 일치적인 성향을 지니도록 독려하셨다. 그분의 말씀은 우리에게도 똑같이 적용된다.

범교회적 일치, 또는 보편 교회와의 연결성의 실천은 이 책에서 다루는 생기 넘치는 교회의 다른 세 가지 요소와 밀접하게 관련된 주제이다. 첫째, 우리는 **정체성**이라는 주제 아래 교회가 그리스도의 소유라고 말했다(1부). 그리스도께서 교회의 머리시라는 사실은 우리가 다른 교회들과 관계를 맺는 방식에 지대한 영향을 미친다. 둘째, 우리는 **권위**라는 주제 아래 그리스도께서 자신이 선택하신 직분자들을 통해 교회를 보살피신다고 말했다(2부). 교회 지도자들은 가능한 한 성경적이고 실천적인 방법을 동원해 다른 교회들과의 협력을 추진해 나가야 할 책임이 있다. 마지막으로 교회의 **활동**도 교회의 일치와 밀접하게 관련된다(4부). 교회들은 다른 지역 교회들과 조화를 이루면서 자신에게 주어진 사명을 수행할 방법을 주의 깊게 생각해야 한다.

앞장에서는 교단 내에서의 일치에 관해 살펴보았다. 이번 장에서는 우리가 속한 교단(denomination)이나 연맹체(federation)의 울타리를 넘어선 교회 일치에 대해 살펴볼 생각이다.

성경적인 교회 일치의 필요성

독립교회나 초교파교회에 익숙한 사람들은 다른 교회들과 교제를 나누어야 할 필요성을 잘 의식하지 못할 수 있다. 그러나 성경은 범교회적 일치를 추구하라고 분명하게 명령한다.

예수님은 요한복음 17장에서 사도들의 증언을 통해 자기를 믿게 될 모든 사람을 위해 기도하셨다. 그 기도의 요지는 "그들도 하나가 되게" 해달라는 것이었다(요 17:20, 22). 예수님은 교회의 일치를 성부와 성자 사이에 존재하는 일치에 빗대어, "아버지께서 내 안에 내가 아버지 안에 있는 것 같이 그들도 다 하나가 되게" 해달라고 기도하셨다(요 17:21). 예수님은 그리스도인들의 일치가 삼위일체 하나님의 일치를 반영하는 것이라고 가르치신 것이다. 세상에서 하나님의 사역을 가시적으로 대표하는 교회의 사역은 결국 사람들이 눈으로 볼 수 있어야 한다. 예수님이 그리스도인들의 일치를 통해 "세상으로 아버지께서 나를 보내신 것을 믿게 하옵소서"라고 기도하신 이유가 바로 이것이다(요 17:21). 하나로 통합된 사랑의 공동체가 되어 세상 앞에서 일치된 모습을 보이라는 명령이 교회에 주어졌다.

어떤 사람들은 보이지 않는 교회, 곧 그리스도의 영적인 몸을 통해서만 그런 일치가 표현될 수 있다고 주장할 것이다. 물론 살아 있는 믿음으로 그리스도와 연합한 자들은 모두 서로 완벽한 영적 연합을 이룬다. 그러나 예수님은 그런 일치를 위해서는 기도하실 필요가 없었다. 보이지 않는 교회의 영적 연합은 이미 확보되어 있다.

그것은 이미 기본적으로 전제되어 있다. 벌코프는 "그러나 보이지 않는 교회는 자연스레 보이는 형태를 취하기 마련이다."라고 말했다.[1] 곳곳에 있는 예수 그리스도의 가시적인 지역 교회들에게 그리스도께서 피로 값 주고 사신 다른 교회들과 실천적으로 서로 연합하는 모습을 보이라는 사명이 주어졌다.

에베소서 4장은 이 점을 좀 더 분명하게 밝힌다. 바울은 그곳에서 교회의 일치를 언급하면서 "몸이 하나요 성령도 한 분이시니 이와 같이 너희가 부르심의 한 소망 안에서 부르심을 받았느니라 주도 한 분이시요 믿음도 하나요 세례도 하나요 하나님도 한 분이시니 곧 만유의 아버지시라 만유 위에 계시고 만유를 통일하시고 만유 가운데 계시도다"(엡 4:4-6)라고 말했다. 바울은 단지 신학적 사실을 진술하고 있는 것이 아니다. 그는 권고를 하고 있다. 그는 신자들에게 "부르심을 받은 일에 합당하게 행하여 모든 겸손과 온유로 하고 오래 참음으로 사랑 가운데서 서로 용납하고 평안의 매는 줄로 성령이 하나 되게 하신 것을 힘써 지키라"(엡 4:1-3)라고 강력하게 권고하고 있다. 교회의 보편성을 단지 신학적으로 고백하는 데 그치지 말고, 그것을 실천에 옮기라는 것이다. 교단들은 영적인 일치를 나타내고 긴밀한 관계를 통해 서로의 덕을 세워, 이것이 세상을 향한 증언이 되게 하여야 한다.[2]

이런 성경의 진술 외에도 교회들이 서로 적극적인 접촉과 협력을 유지해야 할 실천적 차원의 이유가 몇 가지 있다. 교회들이 제각기 자기의 일에만 관심을 기울이면 세상 사람들의 눈에 마치 사분오열

된 것처럼 보일 수 있다. 그러면 그들을 향한 사역의 효과가 감소하고, 교회와 신자들이 균형을 잃게 된다. 범교회적 일치는 이상적인 비전이 아니다. 그것은 그리스도의 교회들에 부여된 의무다. 그럼에도 불구하고 성경적인 교회 일치를 가로막는 심각한 장애 요인들이 적지 않게 남아 있다. 이 점을 잠시 설명하면 다음과 같다.

성경적인 교회 일치를 가로막는 장애 요인들

성경적인 교회 일치를 가로막는 첫 번째 장애 요인은 현대의 비성경적 교회 일치 운동과 그에 대조되는 성경적인 교회 일치를 옳게 구별하지 못하는 것이다. 오늘날에는 모든 종교적인 표현을 하나로 통일해 신학적 차이들을 모두 제거하고, "가장 손쉬운 공통분모"를 공유하는 기독교를 창출하려는 경향이 있다. 그런 접근 방식은 거부해야 마땅하다. 하지만 빈대를 잡으려다가 초가삼간을 다 태워서는 곤란하다. 참된 교회는 나의 교회, 나의 교단, 나의 특정한 신학적 유산보다 훨씬 더 중요하다는 것을 잊어서는 안 된다. 교회 일치는 이 원리를 반영해야 한다.

성경적인 교회 일치를 가로막는 또 다른 장애 요인은 참 교회를 너무 편협하게 정의하는 것이다. 우리는 때로 자신이 속한 특정한 전통과 신앙고백만을 중시하는 바람에 너무 편협한 시각으로 참 교회를 규정하려는 경향이 있다. 일전에 한 교단에서 발행한 팜플렛을 보았더니 "우리는 우리만이 참 교회라고 말하지 않는다. 다만 다른 교회가 있는지 알지 못할 뿐이다."라는 취지의 내용이 적혀 있었다. 그러나 앞서 지적한 대로 좀 더 자세히 살펴보면 우리의 전통이 중요하다고 해서 그것이 참 교회를 편협하게 정의하는 근거가 될 수는 없다는 것을 알 수 있다. 예를 들어 학자들은 16, 17세기의 개혁파 교회를 "국제적 칼빈주의"로 일컫는다. 동쪽으로는 헝가리에서부터 서쪽으로는 잉글랜드에 이르기까지 개혁파 교회들은 부차적인 차이점들에 집착하지 않고, 서로를 참되고 충실한 교회로 인정했다. 칼빈은 1552년에 교회가 직면한 어려움을 해결하기 위한 국제적인 개혁파 교회 총회를 전망하면서 "나는 이 일에 너무나도 관심이 많기 때문에 내가 조금이라도 도움이 될 수만 있다면, 열 개의 바다를 건너야 한다고 해도 마다하지 않을 것이다."라고 말했다.[3]

칼빈은 편협하고 배타적이라는 소리를 많이 듣는다. 그러나 그는 거짓 교회와 참 교회를 비교하면서 "어떤 사역에서 사소한 오류가 발견되었다고 해서 그 사역을 불법적인 것으로 간주해서는 안 된다."라고 말했다. 여기에서 "사소한 오류"란 무슨 의미일까? 그는 이렇게 설명했다. "그것은 용서하는 것이 합당한 오류로서, 믿음의 근본 교리를 훼손하지 않고, 모든 신자가 마땅히 동의해야 하는 믿음의 조항을 억압하지 않는 오류를 뜻한다. 성례와 관련해서 말하면, 그 오류로 인해 주님이 합법적으로 제정하신 것이 파괴되거나 손상되는 일이 없어야 한다." 칼빈은 오늘날 종종 교회의 분열 요인으로 작용하는 사소한 차이 따위를 염두에 두고 있지 않았다. 그가 염두에 두었던 것은 그보다 훨씬 큰 문제였다. 그는 계속해서 "거짓

이 믿음의 성채를 뚫고 들어오고 필수 교리들이 뒤집히면, 성례의 사용이 파괴되고 교회의 죽음이 필연적으로 뒤따를 것이다."라고 설명을 덧붙였다.[4]

참 교회와 거짓 교회에 대한 우리의 이해에 혼동을 겪는 이유는 초기 개혁파 신앙고백 가운데 하나인 〈벨직 신앙고백〉과 관련된 오해 때문일 수 있다. 〈벨직 신앙고백〉은 복음의 순수한 전파, 성례의 순수한 집행, 교회 권징의 실시를 참된 교회의 표징으로 제시했다(29조). 우리는 이 말에 진심으로 동의한다. 그러나 이 표징들을 성경을 믿고 그리스도를 높이는 복음주의 교회들 가운데 일부를 거짓 교회로 판정하는 기준으로 사용한다면, 이는 그것들을 오용하는 셈이다. 〈벨직 신앙고백〉은 로마 가톨릭주의를 염두에 두고 참 교회와 거짓 교회를 구별했다. 다시 말하면, 그것이 제시한 표징들은 로마 가톨릭교회가 거짓 교회라는 것을 보여주기 위한 것이었다.[5] 〈벨직 신앙고백〉은 그 세 가지 표징을 제시하면서 "간단히 말해 (참된 교회는) 하나님의 순수한 말씀에 따라 모든 것을 처리하고, 그것에 반대되는 것은 모두 배격하며, 오직 예수 그리스도만을 교회의 머리로 인정한다."라고 진술했다(29조).[6] 〈벨직 신앙고백〉은 참 신자들 안에도 "많은 연약함"이 남아 있다는 것을 인정한다. 이것은 참 교회의 경우에도 마찬가지다.[7]

이와 밀접하게 관련된 또 다른 16세기 신앙고백도 우리의 요점을 밝히는 데 도움을 준다. 〈2차 스위스 신앙고백〉(1566)은 참 교회들 가운데서도 여러 가지 문제와 다양성이 발견될 수 있다는 것을

보여주었다.

우리는 그런 표징들을 지나치게 엄격하게 적용하면 안 된다. 즉, 우리는 성례에 참여하지 않는 사람들(곧 성례를 경멸해서가 아니라 어쩔 수 없는 상황 때문에 자신의 의지에 상관없이 비의도적으로 성례에 불참하는 경우로서 그렇지 않다면 성례에 기꺼이 참여할 사람들), 믿음이 완전히 부패하거나 죽어 없어지지 않고 잠시 방황할 뿐인 사람들, 연약함으로 인해 실수와 오류를 저지르는 사람들 모두를 교회로부터 배제하는 오류에 빠지지 않는다. 왜냐하면 우리는 이스라엘 나라 밖에도 하나님이 선택하신 사람들이 있다는 것을 알고 있기 때문이다. 우리는 바벨론에서 포로 생활을 하던 하나님의 백성들이 어떤 일을 당했는지 알고 있다. 그들은 희생 제사를 드리고 싶었지만 70년 동안이나 그렇게 하지 못했다. 또한 우리는 주님을 부인했던 베드로에게 어떤 일이 일어났는지도 알고 있고, 하나님이 선택하신 충실한 신자들 가운데서 날마다 어떤 일들이 일어나기 쉬운지도 알고 있다. 그들은 실패하기 쉽고, 연약함으로 가득하다. 더욱이 우리는 갈라디아 교회와 고린도 교회가 사도 시대에 어떤 태도를 보였는지를 알고 있다. 사도는 그런 교회들이 저지른 갖가지 크고, 가증스러운 죄를 엄히 단죄했지만 그럼에도 그들을 그리스도의 거룩한 교회로 일컬었다(고전 12장, 갈 1:2).

…교회의 일치와 진리는…외적인 의식과 예식이 아닌 보편적 신앙 안에서의 일치와 진리에 달려 있다. 이 보편적 신앙을 우리에게 가

르치는 것은 인간의 규칙이나 법칙이 아닌 성경이며, 사도신경 안에 간결하고 명료하게 요약되어 있다. 우리는 고대의 저술가들을 통해, 의식들이 획일적이지 않고 여러 면에서 다양성을 지니고 있음에도 그런 자유가 허용되었고 그 누구도 그런 것 때문에 교회의 일치가 깨지거나 와해되었다고 생각하지 않았음을 알 수 있다(17장).[8]

17세기에 작성된 〈웨스트민스터 신앙고백〉에서 좀 더 자세한 설명을 발견할 수 있다.

이 보편 교회는 때로는 더 분명하게, 때로는 덜 분명하게 나타난다. 보편 교회에 속한 개별 교회들은 복음의 교리를 가르치고 받고, 규례를 집행하고, 공예배를 드릴 때, 그것들의 순수한 정도에 따라 더 순결할 수도 있고, 덜 순결할 수도 있다. 하늘 아래 가장 순결한 교회도 혼잡과 오류에서 자유롭지 못하다(25장, 4, 5항).

성경적인 교회 일치를 가로막는 마지막 장애 요인은 우리 교단에 소속된 교회들이 외부의 다른 교회들과 함께 공유할 것이나 그들에게 나눠줄 것이 아무것도 없다는 그릇된 생각이다. 성령의 사역 가운데 하나는 교제(코이노니아)를 독려하는 것이다. 이 교제는 유대 관계를 맺은 양측이 자유롭게 서로 무언가를 주고받음으로써 이루어진다. 우리에게 다른 신자들을 유익하게 할 것이 있으면 나눠줘야 마땅하다. 또한 다른 신자들도 우리가 필요로 하는 것을 가지고 있을 수 있다는 것을 기꺼이 인정해야 한다. 기쁨이 충만한 교회도 있고, 절제에 능한 교회도 있으며, 전도 사역에 탁월한 교회도 있고, 성경 지식이 많고 열심히 배우는 습관을 지닌 교회도 있다. 교회가 그리스도께서 다시 오실 그날에 "장성한 분량"(엡 4:13)에 이르기까지 항상 서로 나눠주고 공유할 기회들이 있을 것이 틀림없다.

성경적인 교회 일치의 표현

기독교 교회들 가운데 실천적인 교회 일치가 있어야 할 필요성을 받아들이고 장애 요인들을 극복하고 나면, "성경적인 교회 일치란 무엇인가?"라는 질문이 남는다. 교회 정치 체제, 역사, 신학적 표현 등에 있어 서로 다른 점을 보유한 교회들 사이에서 일어날 수 있는 교류에 대해 막연히 감상적이고 비현실적인 생각에 빠지지 않으려면 이 질문에 대답할 필요가 있다. 우리가 무엇을 추구해야 하는지를 분명하게 알지 못하면 교회 상호 간의 교제에 대한 성경적인 이상을 추구하기 위한 발판을 든든하게 다지기가 어렵다.

지역 교회들이 해야 할 첫 번째 일은 **교제의 기준을 확립**하는 것이다. 교회 안에는 크고 작은 오류들이 존재한다. 교회들은 다양한 양상을 띠기 마련인데 그런 교회들과 어느 수준까지 교제를 나눌 것인지는 오류의 정도에 의거하여 결정해야 한다. 우리는 어떤 식으로든 참 교회들과는 교제를 나눠야 하고, 거짓 교회들과는 교제를 삼가야 한다. 그런 점에서 교리는 나누기도 하고, 결합하기도 하는 작용을 한다. 성경의 교리는 하나님을 소유한 사람들과 그렇지 않은 사람들을 나누는 경계선이다(요이 9절). 지역 교회들은 복음에 헌신하고, "성경 전체를 어느 한 군데도 오류 없이 기록된 하나님의 말씀으로" 받아들이는 교회들과의 교제를 발전시켜 나가야 한다.[9] 그런 교회들은 성경에 헌신하는 다른 교회들과 의견이 엇갈리는 부분이 있더라도 주해학적으로 합리적인 견해에 대해서는 기꺼이 순응할 것이다. 몇 년 전에 나는 우리 교회의 계단 위에서 침례교인을 그리스도인으로 생각하느냐는 질문을 받고 당황한 적이 있었다. 그러나 우리가 속해 있는 교단 밖에 있는 그리스도인들과 교제를 발전시켜 나가기를 원한다면 그런 식의 질문을 제기하고, 그 대답을 찾아야 할 필요가 있다.

둘째, 교회 상호 간의 관계를 발전시켜 나갈 때 참고해야 할 또 하나의 기준은 **사랑에 근거한 판단**이다. 〈2차 스위스 신앙고백〉은 이 점에 대해 이렇게 말했다. "미리 성급하고 섣부른 판단을 내려, 주님이 결코 배제하거나 버리지 않으실 사람들, 우리가 교회로부터 떼어놓으면 교회에 해가 돌아갈 수밖에 없는 그런 사람들을 배제하거나 끊어 버리거나 잘라내지 않도록 각별히 주의를 기울여야 한다"(17장).[10] 이 말은 교인들을 대상으로 한 것이지만 교회에 대해서도 적용된다. 이 항목의 내용은 "그러므로 누구든지 우리 온전히 이룬 자들은 이렇게 생각할지니 만일 어떤 일에 너희가 달리 생각하면 하나님이 이것도 너희에게 나타내시리라 오직 우리가 어디까지 이르렀든지 그대로 행할 것이라"(빌 3:15, 16)라는 말씀으로 끝을 맺는다.

셋째, 성경적인 교회 일치를 발전시키려면 **우리와 신학적으로나 지리적으로 가장 가까운 교회들과의 관계에서부터 시작**해야 한다.[11] 결혼의 경우에는 "서로 달라야 잘산다."라는 경구에 유의하는 것이 좋다. 이 말은 성격이나 일상적인 관심사의 관점에서는 사실일 수 있다. 그러나 신학적인 신념이 다른 두 사람이 결혼하면 함께 살아가는 데 심각한 장애가 초래될 수 있다. 교회의 경우도 마찬가지다. 우리는 우리와 가장 가까운 교회들에게 가장 큰 집단적인 노력을 기울여야 한다. 성경을 믿고, 그리스도를 존중하는 교회들이 서로 맞은편이나 근거리에 있다면 교파나 문화종교적 유산과 상관없이 상호 간에 덕을 세우며 사랑을 나누는 관계를 발전시켜 나가야 한다.

넷째, 교회들은 **생각이 비슷한 교회들과 실제적인 관계를 발전**시켜 나가야 한다. 교회들은 서로 공통되는 것들만이 아니라 서로 입장을 달리하는 문제나 주제들에 대해서도 관계를 맺어야 한다. 교회들은 서로의 통찰력을 교환하고, "서로를 유익하게 하려고" 노력해야 한다.[12] 개인 신자들도 자기와 다른 교회에 다니는 신자들을 격려해야 한다. 서로 많은 차이점이 있을 수 있지만 그런 차이점을 은혜롭게 논의하는 것을 꺼리면서 피해서는 안된다. 〈2차 스위스 신앙고백〉은 "교회 안에서 발생한 이견들을 이용해 하나님의 이름을 영화롭게 하고, 진리를 나타내는 것은 그분을 기쁘시게 하는 일이다."라고 말했다(17장).[13] 우리는 다른 교회들이나 다른 신학적인 전통을 건설적이지 못한 태도로 비난하지 않도록 주의해야 한다. 다른 교회들과 분열과 갈등을 경험한 적이 있는 교회들은 깨어진 관계를 회복하기 위해 특별히 더 열심히 노력해야 한다. 바울이 바나바 및 요한 마가와 갈라선 것은 안타까운 일이지만(행 15:36-40) 그들의 깨진 관계가 나중에 다시 회복된 사실은 우리에게 큰 격려가 된다.[14]

마지막으로, 서로 관계를 맺고 일치를 추구하는 교회들은 **성경적인 신앙을 촉진하기 위해 서로서로 도와야** 한다. 그런 노력 가운데는 선교, 구제, 기독교 학교 운영, 직분자 훈련, 다양한 형태의 성경 교육과 신학 교육이 포함된다. 목회자들끼리 강단을 교환하는 것은 사역의 다양성을 증진할 뿐 아니라 교회들의 유대감을 강화하는 데도 많은 도움이 될 수 있다. 지역 집회를 열어 재능 있는 지역 교사들을 통해 실천적이고, 성경적이고, 주해학적이고, 역사적인 메시지가 전달되게 하면 지역의 신자들을 단합시킬 수 있고, 또 거짓 교회나 "덜 순수한" 교회에 출석하고 있을지도 모르는 사람들에게 성경적인 신앙의 아름다움을 보여줄 수 있다.

마지막으로, 〈하이델베르크 요리문답〉은 교회 일치를 다음과 같이 아름답게 표현했다. "나는 하나님의 아들이 세상의 시작부터 끝날까지 온 인류 가운데서 선택한 교회를 자신의 성령과 말씀으로 불러모아 보호하고 보존해 영생에 이르게 하신다는 것을 믿습니다"(54문). 따라서 이 교회의 지체들은 "다른 지체들의 유익과 안녕을 위해 자신의 은사를 기쁨으로 기꺼이 사용할 의무가 있다"(55문).

1. 당신이 속한 교회에서는 성경적인 교회 일치를 어떻게 강조하고 있는가?
   또는 어떻게 예시하고 있는가?

2. 참 교회를 너무 편협하게 정의하면 어떤 위험이 있는가?

3. 참 교회를 너무 폭넓게 정의하면 어떤 위험이 있는가?

4. 당신이 사는 지역의 복음주의 교회들은 서로 어떤 관계를 맺고 있는가?

5. 당신이 사는 지역에 당신이 속한 교단이나 교회연맹에 속하지는 않지만
   견실한 믿음을 지닌 교회들로는 어떤 교회들이 존재하는가? 그렇다면 그
   교회들과 어떤 교제 관계를 발전시켰는가? 그런 교회들과 교제를 나누고
   있다면 그 이유는 무엇이고, 나누고 있지 않다면 또 그 이유는 무엇인가?

6. 기독교 교회들이 그리스도 안에서의 일치를 드러낼 수 있는 다른 방법들
   로는 어떤 것들을 제안할 수 있는가?

추가적인 읽을거리

www.naparc.org
W. Robert Godfrey, "A Reformed Dream." (http://www.modernreformation.org)
Daniel R. Hyde, "From Reformed Dream to Reformed Reality: The Problem
   and Possibility of Reformed Church Unity." (http://theaquilareport.com)

4 부

활동

6장
가르치는 교회

성경은 하나님의 말씀이다. 성경을 믿는 복음주의 교회는 모두 그렇게 확언한다. 하지만 모두 그 확언을 실천하는 것은 아니다. 그 이유는 무엇일까? 나는 오순절주의 교회에서 새 신자로 있을 때 그런 의문이 들어, 말만 하지 않고 실천하는 신학을 찾기 시작했다. 내가 발견한 것은 개신교 종교개혁을 통해 수립된 말씀의 신학이었다. 이 신학은 로마 가톨릭교회에 대항해 "오직 성경으로!"를 외쳤을 뿐 아니라 교리, 예배, 경건과 관련된 모든 것에 대한 성경의 충족성을 인정했다. 처음 개혁교회에 발을 들여놓은 순간, 나는 내가 전에 다녔던 교회 안에서는 성경 읽기와 성경 강해가 너무나도 빈약했다는 사실을 깨닫고 깊은 인상을 받았다. 내가 새로 선택한 교회에서는 신구약 성경 읽기, 성령의 조명을 위한 기도, 긴 설교가 행해졌다. 말씀을 설교하는 일이 중심인 것이 분명해 보였다.

지금까지 질서가 잘 갖춰진 교회의 토대를 형성하는 원리, 곧 오직 그리스도 안에서 **정체성**을 찾고, 목사와 장로와 집사들로 이루어진 **권위** 체제에 대한 성경의 가르침을 따르며, 건강하고, 책임 있는 방식으로 **교회 일치**를 추구하는 원리들을 살펴보았다. 이제 마지막 4부에서는 질서가 잘 갖춰진 교회는 자신이 무슨 **활동**을 해야 하는지를 분명하게 알고 있고, 하나님의 도우심에 의지해 자신의 사명을 이루려고 애쓴다는 점을 살펴볼 예정이다. 여기에서 "사명"(mission)이라는 말은 단지 좁은 의미에서의 "선교 사역"만을 가리키지 않는다. 이 말은 교회의 "전반적인 과업"을 의미한다. 교회의 사명은 무엇인가? 이 질문은 질서가 잘 갖춰진 교회의 지도자들만이 아니라 일반 신자들에게까지도 매우 중요한 의미를 지닌다. 성경에서 교회는 몸, 곧 살아 있는 유기체로 묘사되기 때문에 모든 지체가 어떤 식으로든 교회의 사역에 참여해야 한다. 우리는 교회의 활동, 곧 교회 사역의 네 가지 중요한 측면에 논의의 초점을 맞출 생각이다. 질서가 잘 갖춰진 교회란 **가르치는 교회, 예배하는 교회, 증언하는 교회, 회개하는 교회**를 가리킨다.

이 사역들 가운데 가장 기본적인 것은 가르치는 사역이다. 견실하고, 성경적인 말씀 사역이 없으면 교회는 그리스도 안에서의 정체성이 지니는 의미를 옳게 파악할 수도 없고, 권위에 대한 하나님의 계획을 이해할 수도 없으며, 교회 일치를 추구할 수도 없다. 순수하고 강력한 말씀 사역이 없으면 교회는 예배와 증언과 회개의 활동을 온전히 수행할 만한 능력을 갖출 수 없다. 교회의 지도자들이 갖가지 활동으로 인해 방향을 잃고 흔들릴 때는 말씀 사역에 초점을 맞출 필요성을 새롭게 상기할 필요가 있다.

가르치는 교회가 될 필요성

"진리의 기둥과 터"(딤전 3:15)로 불리는 신약 시대 교회는 구약 시대의 하나님의 백성으로부터 풍부한 가르침의 전통을 물려받았다. 레위인들이 그들의 소명이었던 백성을 가르치는 책임을 올바로 이행하지 못하자(신 31:9-13), 하나님은 선지자들을 세워 말씀을 전하게 하셨다. 선지자들의 주된 사역은 백성들을 위해 기도하고, 그들에게 "율례와 법도를 가르쳐서 마땅히 갈 길과 할 일을 그들에게 보이는" 것이었다(출 18:20). 실제로 바울 사도는 구약 시대를 율법이 엄격한 교사 역할을 했던 시대로 일컬었다(갈 3:24).

그리스도의 세상에 임하심은, 하나님의 말씀이 인간의 육신을 취하사 세상에 오신 사건이다. "무리가 다시 모여들거늘 예수께서 다시 전례대로 가르치시더니"라는 어구에서 표현하는 광경은 복음서에서 흔히 발견되는 광경이었다(막 10:1, 마 4:23-25 참조). 예수님이 가르치는 사역에 그토록 많은 비중을 두신 이유는 그리스도이신 그분께 구약 시대의 제사장과 왕과 선지자의 직임이 모두 부여되었기 때문이다. 그분은 "성부 하나님의 작정과 성령의 기름 부음을 통해 우리의 큰 선지자와 교사로 세우심을 받아 우리에게 구원에 관한 하나님의 은밀한 계획과 뜻을 온전히 계시해주셨다"(하이델베르크 요리문답 31

문).[11] "선한 선생"이신 주님은 교회의 가르치는 사역에 대해 높은 기준을 세우셨다.

하나님이 가르치는 일을 중시하신다는 사실이 가르치는 사역과 관련된 신약성경의 다양한 영적 은사들을 통해 좀 더 분명하게 드러난다. 성경은 분별의 은사, 곧 영적인 일을 판단하는 인식 능력을 언급했다(고전 12:10). 이 가르치는 은사가 그토록 중요한 이유는 우리가 모두 다 좋은 분별력을 지닌 것은 아니기 때문이다. 이드로를 예로 들어보자. 그는 먼저 모세에게 질문을 던지고 나서 대안을 제시함으로써 탁월한 영적 판단력을 확실하게 보여주었다(출 18:14-23). 또한 잠언은 "사람의 마음에 있는 모략은 깊은 물 같으니라 그럴지라도 명철한 사람은 그것을 길어 내느니라"(잠 20:5)라고 말씀하고, 고린도전서 12장 8절에는 "지식의 은사"가 언급되어 나타난다. 지식은 거룩한 일을 명료하게 인식하는 능력을 가리킨다. 바울은 예언의 은사도 언급했다(롬 12:6, 고전 12:28). 예언의 은사는 선지자의 직임과는 다르다. 바울의 말은 예언을 말하는 사역자들을 염두에 둔 것으로 보인다(고전 14:1-5). 바울이 에베소서 4장에서 언급한 "은사들(사도, 선지자, 복음 전하는 자, 목사와 교사)"은 모두 말씀 사역과 관련된다(엡 4:11). 마지막으로 가르치는 일은 위로의 사역(롬 12:8), 곧 진리를 청중의 마음과 양심과 감정에 적용하는 사역으로 묘사되었다. 이렇게 많은 영적 은사가 가르치는 일과 관련되어 있다는 사실은 가르치는 교회의 필요성을 분명하게 보여준다.

필립 라이켄은 《City on a Hill》이라는 책에서 "포스트 기독교 시대(post-Christian times)를 위한 교회는 가르치는 교회이어야 한다."라고 말했다. 그는 또한 "포스트 기독교 시대에는 오직 하나님의 말씀에 대한 열정을 지닌 교회만이 살아남을 수 있다."라고 덧붙였다.[2] 특히 진리가 의문시되는 시대에는 하나님이 성경을 통해 말씀하신 진리를 분명하게 밝히고, 말씀에서 가르치지 않은 거짓 가르침은 거부하는 일이 더욱더 절실히 필요하다.

가르치는 교회는 어떤 교회인가

교회가 가르치는 교회인지 아닌지 식별할 수 있는 표징은 몇 가지가 있다. 이 표징들은 교회의 지도자들과 교인들 모두에게 중요한 의미를 지닌다.

가르치는 교회는 잘 구비된 사역자의 다스림을 받는다

성경은 목회자 자격으로 공식적인 신학교 교육을 요구하지 않는다는 주장이 요즘 들어 종종 제기된다. 물론 성경에 현대의 신학교와 유사한 교육 제도를 요구하는 명령은 없다. 그러나 신약성경의 저자들은 사역을 준비하려면 그와 대등한 훈련이 필요하다는 것을 전제로 했다. 신약성경의 가르침에 부합하는 사역 훈련은 인격과 인격 사이에서 이루어지는 제자 훈련, 뜨거운 헌신, 학문적인 훈련을 모두 포함한다.[3]

오늘날의 신학교 교육에서 흔히 발견되는 문제 가운데 하나는 그것이 교회 안에서의 제자화 과정과 분리되어 있다는 것이다. 현대의 비평가들은 신학교가 교회 안에서의 실질적인 사역을 위해 학생들을 준비시키기보다는 단지 "영적 정보만을 생산, 공급하는 공장"과 같은 역할을 한다고 생각한다. 바울은 목회자인 디모데에게 "네가 많은 증인 앞에서 내게 들은 바를 충성된 사람들에게 부탁하라 그들이 또 다른 사람들을 가르칠 수 있으리라"(딤후 2:2)라고 말하면서 사역자를 훈련시킬 임무를 부여했다. 오늘날의 교회는 그저 신학생들의 재정을 지원하는 데 그치지 말고, 그들이 더 경험 많은 사역자들과 함께하면서 제자화될 수 있게 해야 한다.

신학교가 사역을 위해 사람들을 옳게 훈련하려면 경건한 신앙심을 길러주어야 한다. 누가가 사도행전에 기록한 내용은 참으로 놀랍다. 바리새인들은 사도들이 예수님과 같이 다니던 사실을 알았고, 또 그들이 본래 배움이 없는 평범한 사람인 줄로 인식하고 있었지만 그런 그들의 생각은 큰 착각이었다. 사도들은 바리새인들이나 서기관들과는 달리 율법 교사로서의 정식 교육은 받지 못했지만 복음의 온상(라틴어로 "세미나리움")에서 위대한 정원사이신 주님의 보살핌 아래 양육을 받았다. 그들은 주님에게서 배웠고, 그분께 많은 질문을 던졌으며, 그분을 통해 잘못된 것을 교정받고, 그분에 대한 사랑 안에서 성장했다. 그들은 세련된 지식이 없다는 이유로 무시당했지만 3년 동안의 "신학 훈련"을 통해 온 마음과 영혼과 뜻과 힘을 다해 주님을 사랑할 수 있을 만큼 성장했다(막 12:30).

신학교 교육은 중요하지만 그것만으로는 충분하지 않다. 하나님의 교사들은 지속적인 훈련이 필요하다. 예를 들어 16, 17세기의 개혁파 교회들은 "예언"으로 알려진 활동을 한 것으로 유명하다. 그것은 사역자들이 함께 모여 차례대로 돌아가면서 설교를 전하고, 다른 사람들에게 비판을 받으면서 자신의 가르치는 능력을 계속 신장시켜 나가는 활동을 가리킨다. 사역자들이 이러한 "실질 학습"을 통해 많은 훈련을 받으면서 충실한 일꾼으로 거듭났다. 사역자는 부지런한 일꾼이 되어 "진리의 말씀을 옳게 분별하는" 일에 마음껏 시간을 할애할 수 있어야 한다(딤후 2:14-16). 바울은 디모데에게 "네가 네 자신과 가르침을 살펴 이 일을 계속하라 이것을 행함으로 네 자신과 네게 듣는 자를 구원하리라"라고 말했다(딤전 4:16, 딤후 3:14, 4:1-5 참조). 그런 지속적인 훈련에는 성경 읽기, (교회 예배 외에) 각종 행사 석상에서 말씀 전하기, 컨퍼런스 참석 등이 포함될 것이다.[4]

가르치는 교회는 가르치는 사역에 많은 시간을 할애한다

역사적으로 교회는 주일에 최소한 두 번 예배를 드렸다.[5] 안식일 준수에 관한 명령을 설명한 〈하이델베르크 요리문답〉의 내용 가운데 이에 대한 한 가지 이유가 발견된다. "나는 특히 안식의 날에 부지런히 교회에 나가서 하나님의 말씀을 배우겠습니다"(103문).[6] 아울러 주일 교인 교육, 주중 강좌, 소그룹 모임을 통해 가르침과 교제의 시간이 부가적으로 주어진다. 그러나 하나님이 단순한 정보가 아닌 은혜를 전달하기 위해 가장 우선적으로 사용하시는 방법은 말씀 설교다(행 2:42, 롬 10:17). 이런 이유로 가르치는 교회는 설교를 예배의 핵심으로 간주한다.

특별히 긴 설교가 반드시 가르치는 교회의 확실한 표징인 것은 아니다. 사실 목사가 아무 핵심도 없는 말을 장황하게 늘어놓는 것은 결코 변명의 여지가 없는 일이다. 하지만 교인들이 설교의 내용보다 길이에 더 민감한 것은 안 좋은 징후이다. 예를 들어 일전에 나는 이웃 교회에 초청되어 30분 동안 말씀을 전했다. 예배가 끝난 뒤에 나는 이른 봄의 날씨가 따뜻하게 느껴져 "이제 두꺼운 외투가 필요 없게 되었네요."라고 말했다. 그러고 나서 나중에 내 차가 주차된 곳을 향해 걸어가는데 교인 중 한 사람이 목소리를 돋우어 "저 목사님은 외투는 필요 없을지 몰라도 손목시계는 꼭 필요해."라고 말하는 소리가 들렸다. 교회의 지도자들은 "우리 교회가 다른 사역들과 비교해 가르치는 사역에 얼마나 많은 시간을 할애하는가?"라는 물음을 깊이 생각해볼 필요가 있다.

가르치는 교회는 가르치는 일을 단지 정보를 제공하기 위한 것이 아니라 선한 일을 위해 구비시키기 위한 것으로 이해한다

요즘에 설교가 외면을 당하는 이유는 일부 설교가 강의와 별반 차이가 없다는 사실 때문이 아닌가 싶다. J. I. 패커는 "오늘날 대다수의 교회 안에는 실천가보다는 군식구 같은 사람이 많다."라고 말했는데, 그런 현상이 벌어지는 이유 가운데는 설교단에서 학술 강의가 행해지는 현실이 포함되어 있을 것이 틀림없다.[7]

성경은 교훈과 책망과 바르게 함과 의로 교육하기에 유익하기 때문에 교사들은 "하나님의 사람으로 온전하게 하며 모든 선한 일을 행할 능력을 갖추게 하기" 위한 목적으로 말씀을 가르쳐야 한다(딤후 3:17). 미국 장로교회(the Presbyterian Church in America)라는 교단의 《교회 헌법》은 교회의 가르치는 의무를 성경의 권위 아래 이루어지는 권징 내지 체계적인 훈련이라고 언급한다.[8] 교회가 성도들을 구비시키는 사역에 대해 언급하는 고전적인 성경 구절은 에베소서 4장 11-16절이다. 이 성경 본문은 가르치는 사역과 교회의 집단적 사역 간의 관계를 분명하게 명시한다. 목사이자 교사(pastor-teacher)인 사역자의 임무는 교인들을 구비시켜 그들이 직접 사역을 할 수 있게 하는 것이다.[9] 교인들을 구비시키는 일은 일대일의 인격적인 관계를 통해서도 이루어질 수 있다. 그러나 성경을 설교할 때 "누가, 무엇을, 언제, 어디서, 왜"라는 전통적인 질문을 토대로 정확한 본문 분석을 할 뿐 아니라, 거기에서 한 걸음 더 나아가 "어떻게"라는 실천적인 면을 설명함으로써 실천적인 차원에서 듣는 자들을 도와준다면 많은 것을 성취할 수 있다. 설교는 본문의 "무엇을"과 "그래서 어떻게 할까?"를 동시에 다루어야 한다. 교리는 적용으로 귀결되어야 한다. 청교도들은 이를 "활용"(use)으로 일컬었다. "주해는 적용되어야 한다."라는 토저(A. W. Tozer)의 말은 지당하다.[10] 적용은 설교의 필수 요소다. 설교를 적용하는 시간은 설교자가 "좋아하는 화제"를 거론하는 시간이 아니라 사랑하는 마음으로 신실하게 본문의 의미를 밝혀 하나님의 백성들의 반응을 이끌어 내는 시간이 되어야 한다.

가르치는 교회는 배우는 교회가 되려고 노력한다

질서가 잘 갖춰진 교회는 가르치는 의무만이 아니라 배워야 할 의무도 있다. 이것은 교인들 모두가 감당해야 할 의무다. 우리가 속한 교단의 공적 신앙고백을 위한 예식서에 의하면, 새로운 멤버 후보자들에게 "사랑하는 이들이여, 은혜의 수단을 부지런히 사용하고, 하나님의 도우심을 의지하여 지금 고백한 믿음을 계속해서 유지해 나갈 것을 당부합니다."라고 말하는 내용이 포함되어 있다.[11] 목사는 추후에 "(하나님이여) 저들에게 지혜와 총명의 영과 모략과 재능의 영과 지식과 여호와를 경외하는 영을 갈수록 더욱 풍성하게 부어주시기를 비옵니다."라고 기도한다.[12] 교회 멤버가 되기 위해 서약한 사람은 배우는 교회의 학생이 될 의무가 있다.

위의 인용문에 언급된 "은혜의 수단"이란 특히 설교 말씀과 세례와 성찬을 가리킨다. 안타깝게도 요즘에는 그리스도의 각 지체가 정기적으로, 부지런히 설교 말씀에 주의를 기울이는 것은 비교적 덜 강조되고, 개인적 성경 읽기만 강조되는 경향이 있다. 말씀을 개인적으로 읽을 뿐 아니라 설교 말씀에 귀를 기울여야만 하나님께서 성령의 돕는 사역을 통해 성자의 사역에 대해 하시는 말씀을 들을 수 있다. 이 말씀이 죄인들의 머리와 가슴과 손을 향해 선포되는 이유는 한 가지 중요한 목적(갈수록 죄를 더 많이 버리고, 하나님께로 더욱 가까이 나가게 하는 것)이 있기 때문이다. 이것이 설교 말씀이 기독교 사역과 신앙생활의 원동력인 이유다. 개인적으로 성경을 읽는 것만으로는 충분하지 않다. 사실 개인적 성경 읽기만을 고집하는 것은 교회에서 배우기를 싫어하는 마음과 교만을 나타내는 징후일 수 있다.

〈웨스트민스터 대요리문답〉은 설교 말씀을 듣는 사람들이 이행해야 할 의무를 몇 가지 제시한다.

> 설교 말씀을 듣는 사람들은 성실한 태도와 마음의 준비와 기도로 말씀에 진지하게 귀를 기울이고, 들은 내용을 성경에 비춰 주의 깊게 상고해야 할 뿐 아니라 믿음과 사랑과 온유함과 기꺼운 마음으로 진리를 하나님의 말씀으로 받아들이고, 말씀을 묵상하고, 함께 논의하며, 마음속에 잘 간직해 삶 속에서 열매를 맺어야 합니다(160문).[13]

따라서 배우는 교회는 교인들에게 각자 성경책을 들고 와서 중요한 것은 표시하고, 필요한 것은 적고, 상황이 적절할 때는 질문을 하도록 독려해야 한다.

가르치는 교회는 모든 교인이 가르치는 일을 하기를 기대한다

모든 교인이 교사로 부르심을 받은 것은 아니다. 그러나 우리는 모두 권고할 기회를 가지고 있다(롬 15:14). 교인들이 자발적으로 나서서 무엇인가를 가르칠 수 있다면 그보다 더 이상적인 것은 없다(재정 문제나 결혼 문제를 다루는 모임이나 청소년들을 위한 모임 등 기회는 무궁무진하다). 특히 교회의 가르치는 사역은 가정이라는 환경 속에서 특별한 방식으로 이루어질 수 있다. 하나님은 자기 백성에게 "그것(하나님의 말씀)을 너희의 자녀에게 가르치며 집에 앉아 있을 때에든지 길을 갈

때에든지 누워 있을 때에든지 일어날 때에든지 이 말씀을 강론하라"(신 11:19)고 엄숙하게 명령하셨다. 교회는 언약 공동체에 속한 가정들을 가장의 리더십 아래 가르치고 배우는 공동체가 되게 구비시킴으로써 그 가르치는 사역을 수행한다.

효과적인 사역의 조건

교회가 가르치는 사역을 효과적으로 수행하기 위해 갖추어야 할 몇 가지 조건이 있다.

첫째, 효과적인 가르침은 성경에서 발견되는 신학, 특히 성경이 말하는 하나님에 관한 교리에 근거한다. 하나님이 누구신지, 그분이 과거에 하신 일과 지금 하고 계시는 일과 앞으로 하실 일이 무엇인지 아는 것이 우리의 힘이다.

둘째, 사람들의 관심을 이끌어 내야 한다. 하나님에 관해 가르칠 때는 사람들이 실제로 들을 수 있는 방식으로 가르쳐야 한다. 예수님은 이야기와 다채로운 표현과 반어법은 물론, 심지어는 충격과 분노를 불러일으키는 말씀을 하는 것조차도 두려워하지 않으셨다.

셋째, 권위가 있어야 한다. "여호와께서 이르시기를"이라는 말씀대로 우리는 하나님의 말씀을 확신을 가지고 전달해야 한다. 성경이 말씀할 때는 우리도 말해야 하고, 성경이 침묵할 때는 우리도 침묵해야 한다.

넷째, 포괄적이어야 한다. 즉 "하나님의 모든 뜻을" 전하는 것이어야 한다(행 20:27). 강해 설교(성경을 한 장, 한 장 넘기면서 한 절, 한 절 설교하는 방식)의 장점 가운데 하나는 성경에 나오는 어려운 문제들까지 모두 다 다루게 된다는 것이다.

다섯째, 진리를 심령에 적용하는 권고로 가득 차 있어야 한다(롬 12:8). 가르치는 사역은 항상 "사람들이 어떻게 이 지식을 활용할 수 있을까?"라는 질문을 염두에 두고 이루어져야 한다.[14]

여섯째, 남녀노소를 막론하고 외부의 방문자들이나 교회 안에 있는 각양각색의 교인들 모두가 쉽게 이해할 수 있어야 한다. "연구는 학구적으로, 설교단이나 강단에서는 단순하게!"를 우리의 좌우명으로 삼아야 한다.

일곱째, 영혼의 자양분을 제공해야 한다. 가르치는 사역은 양들에게 말씀의 꼴을 제공해 그들의 영적인 건강을 도모해야 한다(요 21:15-17). 가르치는 사역은 불필요한 논란을 조장해서는 안 되고, 사랑을 독려하고, 덕을 세워야 한다.

여덟째, 그리스도 중심적이어야 한다. 가르치는 사역이 그리스도 (우리가 그분과 그분이 공급하시는 것을 필요로 한다는 사실)께 초점을 맞추지 않으면 기독교적 특성을 지녔다고 말할 수 없다. 복음이 없다면 우리는 말할 것이 아무것도 없다. 우리가 가르치는 교회가 될 수 있는 이유는 복음 때문이다.

1. 교회 안에서 가르치는 사역 대신에 행해지는 것들은 무엇인가?

2. 당신이 개인적으로 교회의 가르치는 사역을 얼마나 진지하게 받아들이고 있는지 평가해보라.

3. 목사들과 기타 교육자들이 사람들의 마음을 끄는 방식으로 가르침을 베풀려면 어떻게 해야 할까?

4. "하나님의 모든 뜻"을 가르치는 것이 왜 중요한가? 그렇게 하기 위한 실제적인 방법으로는 무엇이 있을까?

5. 당신은 목사의 가르치는 사역을 어떻게 도울 수 있을까?

추가적인 읽을거리

William Boekestein, "Profiting from Preaching: Learning to Truly Hear God" *The Outlook* 64:4 (2014): 22 –24.

William Boekestein, "A Model Sermon." (http://www.reformation21.org/articles/a-model-sermon.php)

Wayne Mack and Dave Swaely, *Life in the Father's House: A Member's Guide to the Local Church* (Phillipsburg: P&R Publishing, 2006).

T. David Gordon, *Why Johnny Can't Preach: The Media Have Shaped the Messengers* (Phillipsburg, NJ: P&R Publishing, 2009).

7장
예배하는 교회

대학교 채플 시간에 교목은 나의 동료 학생들에게 "우리에게 필요한 것은 오래된 형태의 오순절 예배입니다."라고 말했다. 이때 나는 예배의 이슈가 모든 기독교 교파에게 매우 중요하다는 사실을 알게 되었다. 나는 로마 가톨릭교회에서 세례를 받았고, 나의 아버지가 회심한 후에는 갈보리 채플에서 약 2년 동안 어린 시절을 보냈으며, 그로부터 몇 년 뒤에는 나 자신이 포스퀘어 교회(Foursquare Church, 오순절 교단 중에 하나–역자주)에서 회심을 경험했고, 그 뒤에 하나님의 성회가 운영하는 대학교에 진학했다. 그리고 그곳에 있는 동안 나의 신학은 점점 더 개혁주의에 가까워졌다. 신학과 예배가 참으로 중요한 문제라는 사실이 너무나도 뚜렷하게 의식되었다.

예배는 교회가 수행해야 할 사명들의 목적이다. 교회는 가르치는 사역을 통해 불신자들에게는 구원을, 구원받은 신자들에게는 성화를 가져다주려고 한다. 그런데 이 모든 것의 목적은 구원을 베푸시는 성삼위 하나님을 예배하는 것이다.

성경적인 예배는 최소한 네 가지 중요한 요소로 구성된다. 이것은 교회 지도자들은 물론, 하나님의 백성 모두가 익히 알고 있어야 할 요소들이다. 첫째, 예배의 근거는 하나님이 우리를 부르시고 구속하신 일이다. 둘째, 예배의 대상은 구속을 이루시고 적용하신 은혜로운 성삼위 하나님이시다. 셋째, 예배를 드리는 데 사용되는 수단은 권위 있고, 충족한 하나님의 말씀이다. 넷째, 예배의 실천(예배와 관련된 모든 세부 사항)이 참으로 중요하다(8장 참조).

예배의 근거

예배의 근거를 논의할 때는 "왜 예배인가?"라는 문제에 대한 대답을 찾는 것이 필요하다. 이 질문에 대한 대답은 이 책 서두에서 다룬 내용(그리스도의 교회로서의 우리의 정체성)으로 거슬러 올라간다. 우리가 예배하는 이유는 하나님이 우리를 예수 그리스도 안에서 선택하시고, 구원하사 자기 백성으로 삼으셨기 때문이다. 그분은 우리를 거룩하고, 흠이 없는 백성이 되게 하시려고 창세 전에 택하셨다(엡 1:4). 그분은 예수 그리스도의 보혈을 통해 우리를 죄의 속박과 형벌로부터 구원해 자신의 가족으로 받아들이셨다(갈 3:13, 4:5).

그렇다면 선택과 구속은 예배와 어떤 관계가 있을까? 우리는 하나님의 주권적인 선택이라는 개념을 아무런 목적이나 목표가 없는 것으로 그릇 이해할 때가 적지 않다. 하나님이 우리를 선택하신 목적은 우리가 자신의 뜻을 추구하며 그 안에서 만족스럽게 살게 하기 위해서가 아니다. 성경은 하나님이 자기를 예배하게 하려고 자기 백성을 선택하셨다고 말씀한다(시 100:1-3). 선택의 목적은 예배다. 예수 그리스도께서는 "택하심을 입은 보배로운 산 돌"(벧전 2:4)이시다. 우리는 그분과 연합했기 때문에 함께 산 돌들이 되어 하나님에 의해 "신령한 집으로 세워지고", "예수 그리스도로 말미암아 하나님이 기쁘게 받으실 신령한 제사를 드릴 거룩한 제사장"이 된다(벧전 2:5). 그리스도를 거부한 자들과는 달리 우리는 "택하신 족속이요 왕 같은 제사장들이요 거룩한 나라요 그의 소유가 된 백성"이 되었고, 그 목적은 우리를 "어두운 데서 불러 내어 그의 기이한 빛에 들어가게 하신 이의 아름다운 덕을 선포하게" 하기 위한 것이다(벧전 2:9). 마찬가지로 이스라엘 백성이 애굽에서 구원받은 이유도 시내산에서 하나님을 예배하기 위해서였다(출 3:12, 19:6 참조). 바울도 "주께서 사랑하시는 형제들아 우리가 항상 너희에 관하여 마땅히 하나님께 감사할 것은 하나님이 처음부터 너희를 택하사 성령의 거룩하게 하심과 진리를 믿음으로 구원을 받게 하심이니"(살후 2:13)라는 말로 우리의 구원을 예배와 결부시켰다. 간단히 말해 선택, 구속, 성화, 영화라는 성경의 교리들은 모두 우리를 선택하시고, 구속하시고, 거룩하게 하시고, 영화롭게 하시는 하나님께 대한 예배로 귀결된다.

그리스도 안에서의 선택 교리는 무익하고, 사변적인 교리가 아니라 예배의 원동력이다. 17세기 목사 빌헬무스 아 브라켈(1635-1711)

은 "경건한 자들이 구원의 시작과 중간과 결말, 곧 구원의 전 과정이 오직 하나님의 영원한 선택에서 비롯된 것이라는 사실을 알게 되면…그들의 영혼이 고무되어 하나님께 모든 것을 바치고, 범사에 그분께 존귀와 영광을 돌리며, 진심을 다해 감사하게 된다."라고 말했다. 또한 그는 경건한 자들이 하나님의 주권적인 선택을 묵상하면, "하나님의 영광이 자신의 이해를 훨씬 뛰어넘는 것에 놀라 감격에 벅차게 되어 가만히 멈추어 서서 예배를 드리며, 기뻐하지 않을 수 없다."라고 덧붙였다.[1] 개혁파 신조 가운데 하나인 〈도르트 신조〉(1618-19)는 선택과 예배의 관계를 아래와 같이 설명했다.

> 이 선택을 옳게 의식하고, 그 확실성을 알게 되면 하나님의 자녀들은 하나님 앞에서 날마다 겸손히 행하고, 자기를 깨끗하게 해주신 하나님의 큰 은혜를 찬양하며, 감사하는 마음으로 자기에게 그토록 큰 사랑을 먼저 나타내신 하나님께 뜨거운 사랑을 바치게 된다. 또한 이 선택의 교리를 깊이 생각하면 하나님이 명령하신 것을 준수하는 일을 게을리하거나 육신의 안일에 빠져드는 일을 피할 수 있다. 하지만 선택받은 자의 길을 걷기를 거부하는 사람들은 하나님의 공의로운 심판에 따라 이 선택의 은혜를 하찮게 여겨 경솔하고, 주제넘은 태도로 나태와 방종을 일삼기에 이른다(1장 13절).[2]

하나님이 우리를 만민 가운데서 선택하셨다는 사실을 알게 되면 오직 찬양과 예배를 드릴 수밖에 없다. 칼빈의 말을 빌려 말하면 신자들은 "하나님이 우리에게 베푸시는 모든 축복은 그분의 영광을 드높이게 하기 위한 목적을 지닌다."라는 사실을 날마다 묵상해야 한다.[3]

예배의 대상

이처럼 하나님이 하신 일은 우리 예배의 근거가 된다. 우리의 반응은 오직 하나님만을 예배의 대상으로 삼는 것이다. 예수님의 말씀대로 참된 예배자들은 "아버지"를 예배한다(요 4:23). 칼빈은 하나님을 옳게 예배하려면 "모든 선한 것의 영광을 그분께 돌리고, 오직 그분 안에서 모든 것을 구하며, 모든 필요를 그분께 의존해야 한다."라고 말했다.[4] 참된 예배란 어떤 면에서 "하나님 콤플렉스"를 지니는 것이라고 말할 수 있다.

좀 더 구체적으로 말하면 우리는 성삼위 하나님, 곧 성부와 성자와 성령을 예배한다. 성경은 성령 하나님의 능력과 교통 안에서 성자 하나님을 통해 성부 하나님을 예배한다고 가르친다. 바울은 "그(예수 그리스도)로 말미암아 우리 둘이 한 성령 안에서 아버지께 나아감을 얻게 하려 하심이라"(엡 2:18)라고 말했고, 베드로는 "너희도 산 돌 같이 신령한 집으로 세워지고 예수 그리스도로 말미암아 하나님이 기쁘게 받으실 신령한 제사를 드릴 거룩한 제사장이 될지니라"(벧전 2:5)라고 말했다. "신령한 제사"란 성령의 인도하심에 따라 그분을 의지해 드리는 제사를 가리킨다.

그러나 우리는 참된 예배가 하나님 중심적이라는 명백한 사실에 담긴 의미를 간과할 가능성이 있다. 참된 예배의 하나님 중심적인 속성은 예배에 관한 매우 근본적인 사실을 일깨워준다. 로버트 레이번(Robert Rayburn)은 이렇게 말했다.

> 올바른 예배는 예배자들을 즐겁게 하기 위한 것이 아니다. 올바른 예배는 경건한 신자들이 우주의 주권자이신 하나님께 합당한 경배와 찬양과 존귀와 복종을 바치고, 그분이 말씀과 성례를 통해 제공하시는 영적 양식을 받는 것이다.[5]

예배는 멀뚱멀뚱 구경하는 관객들을 위한 것이 아니며, 예배는 하나님을 영화롭게 하고 예수님의 발 앞에 앉아 은혜를 받는 예배 참여자를 위한 것이다. 이 사실을 잊는 순간, 우리는 큰 오류를 범할 수밖에 없다.

예배는 교회가 예배자들에게 주는 헌물이 아니라 예배자들이 하나님께 드리는 헌물이다(시 116:12, 13). 각자 자신의 교회가 예배를 통해 하나님께 영광과 존귀를 드리고 있는지 생각해보라. 이 질문 외에도 우리의 예배를 진단할 수 있는 또 다른 질문들이 있다. 몇 가지 예를 들면 다음과 같다. 찬양과 헌금과 시간적 적절성과 같은 요소들을 고려할 때 예배가 어떤 방향으로 나가고 있다고 생각하는가? 예배가 주로 사람들의 이목을 끄는 데 초점을 맞추고 있는가? 단지 좋은 악기들과 유능한 찬양 지도자만을 중시하는가? 예배의 방향이 수평적으로만 향하지 않도록 주의할 필요가 있다. 물론 이런 말을 하는 이유는 예배에 참석한 사람들의 이해도를 고려하는 예배 형식을 거부하기 위해서가 아니라 구도자들을 올바른 방향, 즉 "하나님은 영이시니 예배하는 자가 영과 진리로 예배할지니라"(요 4:23)라는 말씀이 제시하는 방향으로 이끌기 위해서다.

예배의 수단

성삼위 하나님을 올바로 예배하는 원리들을 이해하려면 하나님이 우리에게 허락하신 예배의 수단을 옳게 파악해야 한다. 성경은 하나님이 세상을 향해 자신의 뜻을 전달하시는 충족한 원천이다. 성경의 충족성을 이해하게 되면 하나님에 관해 믿어야 할 것(신학)과 그분을 위해 사는 방법(경건)과 그분을 예배하는 방식(예전)을 알기 위해 필요한 것은 오직 성경뿐이라는 사실을 알게 된다.

말씀이 계시하는 올바른 예배의 원리를 두 가지로 나눠야 할 필요가 있다. 예수님은 요한복음 4장 24절에서 예배를 지배하는 두 가지 기본 원리를 제시하셨다. 그분은 참된 예배자들은 "영"과 "진리"로 예배한다고 말씀하셨다. 이 두 용어의 정확한 의미에 대해서는 약간의 논란이 있지만 전자는 예배자 안에 있는 주관적인 현실을, 후자는 예배자 밖에 있는 객관적인 현실을 각각 가리키는 것이 분명해 보인다. 다시 말해 예배는 마음의 문제이자 성경의 통제를 받는 진리의 문제에 해당한다. 이 두 가지 근본 원리 가운데 어느 하나라도 빠뜨리면 예배가 감정주의(성경의 통제를 받지 않는 상태)나 형식주의(진정한 마음이 결여된 상태)로 치우칠 수 있다.

성경이 규정한다

예수님은 참된 예배는 "진리로" 드리는 예배라고 말씀하셨다. 참된 예배는 성경의 진리에 의해 규정되어야 한다. 16세기 종교개혁자들은 성경을 토대로 이 원리를 발전시켜 교회가 로마 가톨릭교회 예배의 문제점들을 헤쳐나갈 수 있게 도왔다. 예를 들어 칼빈은 십계명의 두 번째 계명을 근거로 말씀이 규정하는 예배의 원리를 도출해 냈다. 첫 번째 계명(다른 신을 섬기지 말라)이 어떤 하나님을 예배할 것인지를 가르치고 있다면, 두 번째 계명(우상을 만들지 말라)은 유일하고 참된 하나님을 어떻게 예배할 것인지를 가르친다. 예배는 우리 자신의 상상력과 창의력에 기초하지 않는다.[6] 칼빈은 "율법은 인간이 거짓 예배로 그릇 치우치지 않게 막아주는 고삐와 같고", "경건은… 스스로에게 적절한 한계를 부여한다."라고 말했다.[7] 참된 예배는 하나님의 기준을 따른다. 실용적인 관심보다는 성경의 기준이 더 중요하다. 이 점에 대한 칼빈의 입장은 매우 단호하다. 그는 "성경의 권위에 의존하지 않고 제멋대로 다양한 예배 형태를 고안하는 것보다 더 사악한 것은 없다."라고 역설했다.[8] 우리는 우리가 드리는 예배의 모든 측면을 성경에 비춰 철저히 점검해야 한다. 칼빈은 "신앙과 관련된 일은 무엇이든 함부로 처리하거나" 단지 좋은 의도만으로 결정해서는 안 된다고 경고했다.[9]

성경이 아닌 현대 문화에 맞춰 예배의 방식을 결정하려는 것이 오늘날의 추세다. 하나님은 그런 일을 엄중히 경고하셨다. 이스라엘 민족은 믿지 않는 이웃 나라들의 예배 방식을 따라서는 안 되었다(신 12:29-32). 하나님은 자기 백성에게 자신의 명령에 무엇을 더하거나 빼지 말고 철저히 지키라고 요구하셨다(레 10:1-3 참조). 특히 교회의 장로들에게는 예배의 신성함과 그 성경적 기준을 굳게 지키라는 엄숙한 명령이 주어졌다.

예배는 성경에 의해 규정되어야 할 뿐 아니라 성경을 통해 표현되어야 한다. 로버트 갓프리는 이렇게 말했다.

> 종교개혁 시대의 교회들은 성경을 예배의 지침으로 삼으려고 했을 뿐 아니라(그 이전의 교회들도 상당 부분 그러했다), 하나님의 말씀으로 예배를 가득 채우려고 노력했다. 그 이유는 말씀이 우리를 가르칠 뿐 아니라 하나님께 가까이 나갈 수 있게 해주는 수단이기 때문이다. 우리는 말씀을 통해 하나님을 알고, 섬기고, 예배한다.[10]

우리의 회중 예배는 성경의 정신을 호흡해야 한다. 말씀이 예배에 충만히 배어들어, 말씀을 설교하고, 말씀으로 찬양을 드리고, 말씀으로 기도하고, 성례를 통해 말씀을 받아야 한다. 방문자가 예배에 참석하면 예배가 말씀으로 충만하다는 것을 금세 느낄 수 있어야 한다. 갓프리는 말씀을 단지 한두 구절이 아니라 한 대목을 길게 읽는 문제와 관련해 "말씀을 단지 한두 구절 읽고 듣는 것에 그냥

만족해 버린다면 과연 하나님의 말씀을 진정으로 사랑한다고 말할 수 있겠는가?"라고 물었다.[11]

마음이 중요하다

성경이 규정하는 예배를 드리는 것이 중요하지만 그것만으로는 충분하지 않다. 예배는 또한 "영으로" 드려야 한다. 칼빈은 요한복음 4장 23절을 주석하면서 "하나님께 영으로 예배를 드려야 하는 이유는 마음속에 있는 내적 신앙으로부터 진실한 기도와 순결한 양심과 자기 부정이 우러나와야만 거룩한 제사 가운데 하나님께 굴복할 수 있기 때문이다."라고 말했다.[12] 하나님이 참된 예배자에게 원하시는 마음의 태도는 최소한 네 가지다.

첫째, 하나님은 **진실한 태도**를 원하신다. 예수님은 바리새인들의 위선을 가장 크게 꾸짖으셨다(막 7:6 참조). 위선이란 진실한 마음이 없이 외양만을 꾸미는 것을 의미한다. 위선자란 겉으로만 그런 척하는 사람을 뜻한다. 위선의 문자적인 의미는 가면을 쓴다는 것이다. 이 경우에는 참된 경건이 없는 것을 감추기 위해 경건의 가면을 쓰는 것을 가리킨다. 외적인 행위로 마음의 진실을 감춘 채 겉으로 경건한 척하는 것은 매우 위험하다. 칼빈은 "진실한 마음이 없는 것은 그 무엇도 하나님을 기쁘시게 할 수 없다."라고 말했다.[13] 위선적인 예배를 탈피하려면 고백을 통해 가면을 벗겨 내야 한다. 고백한다는 것은 하나님이 이미 우리에 관해 모든 것을 알고 계신다는 것을 그분 앞에서 솔직히 인정하는 것을 의미한다. "하나님은 모든 마음을 훤히 들여다보시고 모든 욕망을 아신다. 그분 앞에서는 그 어떤 비밀도 감출 수 없다."[14]

둘째, 하나님은 **겸손한 태도**를 원하신다. 하나님 앞에 나갈 때는 진실한 태도 외에 겸손한 태도가 아울러 필요하다. 참된 예배는 상한 심령을 요구한다. "하나님께서 구하시는 제사는 상한 심령이라 하나님이여 상하고 통회하는 마음을 주께서 멸시하지 아니하시리이다"(시 51:17). 우리의 타락한 상태와 하나님의 영광은 극명하게 대조된다. "지극히 존귀하며 영원히 거하시며 거룩하다 이름하는 이가 이와 같이 말씀하시되 내가 높고 거룩한 곳에 있으며 또한 통회하고 마음이 겸손한 자와 함께 있나니 이는 겸손한 자의 영을 소생시키며 통회하는 자의 마음을 소생시키려 함이라"(시 57:15). 이것이 "오라 우리가 굽혀 경배하며 우리를 지으신 여호와 앞에 무릎을 꿇자"(시 95:6)라는 말씀이 '예배로의 부름'에 특별히 적합한 이유다.

셋째, 하나님은 **기뻐하는 태도**를 원하신다. 기쁨을 옳게 이해하면 그것이 겸손과 상충되지 않고, 오히려 겸손에 찬사를 보낸다는 것을 알 수 있다. 의로우신 하나님 앞에서 우리의 비천한 상태를 옳게 이해하면 그분이 우리와 교제하기 위해 그리스도 안에서 자기를 낮추셨다는 사실로 인해 말로 다 할 수 없는 기쁨을 느낄 수 있다. 이런 점에서 성경은 즐거이 노래하며 하나님을 예배하라고 명령한다(시 95:1, 2).

넷째, 하나님은 **감사하는 태도**를 원하신다. 우리가 가진 것이 모두 하나님에게서 비롯되었다는 사실을 이해할 때 감사하는 마음이 생겨난다. 믿음 안에서 성장하면 심지어 고난 중에도 감사하는 마음으로 하나님을 예배할 수 있다(시 100:4, 행 16:25).

스프로울은 예정을 주제로 하는 책의 결론부에서 하나님의 선택과 예배의 관계를 아래와 같이 설명했다.

> 예정은 은혜로 시작해서 은혜로 끝나는 교리다. 예정의 교리는 영광송으로 시작해서 영광송으로 끝난다. 우리는 우리를 영적 어둠에서 건져 내어 높은 곳을 걷게 해주신 하나님을 찬양한다…모든 것이 합력해서 우리를 유익하게 한다는 것을 알면 영혼에 기쁨이 샘솟는다. 우리는 우리를 구원하시고, 보존하시며, 우리를 위해 중보기도를 드리시는 구주 안에서 기뻐한다…우리는 신비로운 것들을 생각하며 그것들 앞에 머리를 숙이지만 그분이 계시하신 풍성한 은혜에 대한 영광송이 반드시 그곳에 있다.[15]

이처럼 예배의 근거와 예배의 대상과 예배의 수단이 하나님의 놀라운 은혜 안에서 하나로 결합된다.

1. 누군가가 당신에게 왜 교회에 나가냐고 묻는다면 어떻게 대답하겠는가? 다시 말해, 당신은 왜 예배를 드리는가?

2. "구도자 친화적인" 예배를 요한복음 4장 23절에 비춰 생각해보라. 성경이 예배를 규정한다는 사실을 이해하는 것이 중요한 이유는 무엇인가?

3. 예배에서 마음의 태도가 중요하다는 사실을 이해하는 것이 중요한 이유는 무엇인가?

4. 우리가 위선적인 예배의 죄에 빠지게 되는 경우의 예를 들어보라.

추가적인 읽을거리

William Boekestein, "How to Grow Spiritually." (http://www.ligonier.org/blog/how-grow-spiritually/)

W. Robert Godfrey, *Pleasing God in Our Worship*, Today's Issues (Wheaton: Crossway Books, 1999).

Terry L. Johnson, *Reformed Worship: Worship that is According to Scripture* (Jackson, MS: Reformed Academic Press, 2000).

What is Reformed Worship, How to Plant a Reformed Church: The Church Planting Manual of the URCNA, https://www.urcna.org/urcna/Missions/ChurchPlantingManual/How%20to%20Plant%20a%20Reformed%20Church.pdf (Accessed September 1, 2014).

8장
예배의 실천

나는 경외감과 기쁨에 완전히 압도되었다. 처음으로 개혁파 교회에서 막 예배를 마치고 나오는 길이었다. "왜 이것을 좀 더 일찍 발견하지 못했을까?"라는 생각이 머릿속에서 떠나지 않았다. 생전 처음, "교회에 갔다"가 아닌 "예배를 드렸다"는 느낌이 들었다. 예배로의 부름, 용서의 선언, 설교, 성찬, 축도 등 예배의 전 과정이 성경 말씀과 복음의 확신으로 충만했다. 나는 마침내 내가 원하던 것을 발견했다.

앞 장에서는 예배의 근본 원리 가운데 몇 가지(부르심과 구속이 예배의 근거라는 것, 성삼위 하나님이 예배의 대상이시라는 것, 믿는 자의 마음의 "영"과 성경의 "진리"가 예배의 수단이라는 것)를 살펴보았다. 이런 예배의 근본 원리들은 매우 유익하지만 "예배하는 교회"가 실제로 어떤 교회를 의미하는지를 온전하게 보여주지는 못한다. 그런 교회의 구체적인 모습은 성경의 원리들을 실제로 시행하고, 성경적이고, 교회 역사적인 사례들을 본받을 때 비로소 뚜렷하게 드러나기 시작한다.

예배란 무엇인가

예배란 하나님 앞에 함께 모여 진정한 마음으로 그분의 자기 충족성과 위엄을 높이 우러르는 것을 의미한다. 성경을 보면 하나님이 그분의 구속된 백성을 만나시는 상황에서 예배가 이루어지는 것을 알 수 있다(출 3:5, 사 6:1-7, 히 12:18-29, 계 4, 5장). 성경에 등장하는 구속된 자들은 하나님의 임재를 대할 때 "경건함과 두려움"의 반응을 나타냈다(히 12:28).

예배에 대한 이런 기본적인 정의에는 몇 가지 의미가 담겨 있다. 첫째, **예배는 참여다.** 즉 예배는 소극적으로 드려서는 안 된다. 우리는 적극적으로 마음을 다해 기도하고, 소리를 높여 찬양하고, 기도서를 암송해야 한다. 예배를 인도하는 위치에 서보지 않으면, 예배자들 가운데 얼마나 많은 사람이 예배에 적극적으로 참여하지 않는지 실감하지 못할 것이다.

오늘날의 예배와는 대조적으로, 참여 예배의 원리는 신자들은 물론, 그들의 자녀들에게도 똑같이 적용된다. 하나님을 예배하는 사람들은 대대로 남녀노소가 모두 함께 모여 예배들 드렸다. 예배에서 어린아이들을 배제하는 것은 비교적 최근에 나타난 현상으로 선택적이고, 전문적인 것을 원하는 소비자 지향적인 현대 문화의 속성을 고스란히 드러낸다. 많은 예배 안내위원들이 무심코 어린 자녀들과 함께 교회에 나온 어머니들의 어깨를 톡톡 두드리며 "아이들을 데리고 갈 곳을 안내하겠습니다."라고 말한다. 그런 말에는 두 살 된 어린아이들이 내는 소음으로 인해 정교하게 연출해 내는 예배가 방해받을 수 있다는 의미가 담겨 있다. 하지만 성경을 보라. 제자들이 어린아이들을 데려온 사람들을 꾸짖자 예수님은 오히려 그들을 나무라셨다(막 10:13).[1]

신약성경 시대의 예배를 잠시 살펴보면 예배에 가족 전체가 참여했던 것을 알 수 있다(행 10:33, 16:32). 유대 월력에서 가장 신성한 절기 가운데 하나인 유월절을 지킬 때 성인들은 물론, 어린아이들까지 모두 참여하는 것이 하나님의 뜻이었다(출 12:26, 27). 이런 사실은 예배에 가족 전체가 참여했음을 뒷받침하는 명백한 증거다. 공예배에 어린 자녀들이 참석하도록 격려하고 그들이 궁금한 것이 있으면 스스럼없이 물어보도록 격려해야 한다.

둘째, 하나님 앞에 함께 모여 공예배를 드릴 때는 **경건함과 두려움의 태도를 보여야 한다.** 물론 이 말은 근엄하거나 엄격한 태도로 예배를 드려야 한다는 의미가 아니라, 경솔하거나 경박한 태도로 예배를 드려서는 안 된다는 의미다. 예배를 드릴 때는 "떨며 즐거워해야" 한다(시 2:11). 히브리서는 구약성경 시대의 예배와 신약성경 시대의 예배를 대조하고 비교한다. 시내산에서 하나님의 음성은 나팔처럼 크게 울려 땅을 진동시켰다(히 12:18, 19, 26). 히브리서 저자는 "너희는 만질 수 있고 불이 붙는 산과 침침함과 흑암과 폭풍과…

그러나 너희가 이른 곳은 시온 산과"(히 12:18, 22)라는 말로 구약 시대의 경험과 우리의 경험을 대조하고 나서 "땅에서 경고하신 이를 거역한 그들이 피하지 못하였거든 하물며 하늘로부터 경고하신 이를 배반하는 우리일까보냐 그 때에는 그 소리가 땅을 진동하였거니와 이제는 약속하여 이르시되 내가 또 한 번 땅만이 아니라 하늘도 진동하리라 하셨느니라"(히 12:25, 26)라고 덧붙였다. 여기에서의 요점은 하나님이 모세 당시와 마찬가지로 오늘날에도 여전히 "소멸하는 불"(히 12:29)이시라는 것이다. 따라서 우리가 예배를 드리기 위해 하나님의 임재 안에 다가가는 모습은 하나님의 위엄과 영광을 반영해야 한다.

예배의 형태가 따로 있는가

형태(shape)라는 용어를 접하면 약간 주관적인 것처럼 느끼게 된다. 주택이나 나무나 사람의 적정한 형태가 있는가? 사물들은 제각기 형태와 크기가 모두 다르다. 그렇지 않은가? 예배도 어느 정도는 그와 똑같다. 하나님은 신약 시대의 예배가 취해야 할 정밀한 형태를 보여주는 청사진을 제시하지 않으셨다. 물론 그렇다고 해서 예배 인도자가 자기가 생각하는 형태대로 예배를 아무렇게나 "설계할" 수 있다는 뜻은 결코 아니다. 하나님은 형태, 또는 형식이 중요하다고 계시하셨다. 예배의 본질이 예배의 형식과 형태를 만든다.

예배의 순서(예전)

하나님은 구약성경에서 예배의 상세 사항에 대해 매우 특별하게 말씀하셨다. 그분은 "누가, 무엇을, 어디에서, 언제, 어떻게" 행함으로 예배하여야 하는지 정확하게 지시하셨고, 자신의 명령을 어기는 행위에 대한 엄격한 처벌 규칙을 상세하게 알려주셨다. 좀 더 온전한 단계에 이른 신약 시대의 교회의 경우에는 하나님의 자녀들에게 더 큰 자유가 주어졌다(갈 3:19-4:7, 5:1). 그러나 하나님은 여전히 질서를 중시하신다. 그분은 "모든 것을 품위 있게 하고 질서 있게 하라"(고전 14:40)고 명령하신다. 이 명령은 바울이 교회의 예배에 관해 가르치는 문맥 안에 포함되어 있다.

교회의 역사도 질서 있는 예배를 요구한다. 초기 기독교 예배의 질서 있는 특징이 《12사도의 교훈집》(120), 순교자 유스티누스의 《첫 번째 변증서》, 테르툴리아누스의 《변증서》와 같은 문헌에 잘 나와 있다. 종교개혁자들도 성경에 근거해 신중한 태도로 현대의 예배 인도자들이 참고하면 좋을 만한 예배 순서를 만들었다.[2] 그 예배 순서에는 성경이 요구하는 요소들(말씀읽기와 설교, 성례, 기도 등)이 포함되어 있다(행 2:42). 그 외의 요소들도 모두 성경의 원리와 사례들을 따른다. 모든 것이 하나님을 영화롭게 하고, 예배자들의 덕을 세우는 데 적절하다.

대화

하나님의 말씀과 초기 기독교의 증언을 살펴보면 예배의 요소들을 몇 가지 알 수 있다. 그러나 "그런 요소들을 어떤 순서로 배열할 것인가?"라는 문제가 남는다. 찬송 순서를 한꺼번에 한군데 다 몰아넣을 것인가, 아니면 예배 도중에 군데군데 배치해 놓을 것인가? 헌금을 드리는 순서를 갖는다면 언제가 좋은가? 예배는 어떻게 시작하고, 어떻게 끝마쳐야 하는가?

공예배를 일종의 대화로 생각하면 이런 문제들 가운데 많은 것을 해결할 수 있다. 하나님은 성경에서 자신을 자기 백성과 은혜롭게 대화를 나누는 의사 소통자로 계시하셨다. 그런 대화를 살펴보면 항상 하나님이 먼저 말씀하시고, 백성이 거기에 반응하는 형식을 취하고 있는 것을 알 수 있다. 하나님은 "폭풍우 가운데에서 욥에게…너는 대장부처럼 허리를 묶고 내가 네게 묻겠으니 내게 대답할지니라"라고 말씀하셨다(욥 40:6, 7). 그러자 욥은 자기 자신을 혐오하며 티끌과 재 가운데서 회개함으로써 하나님의 말씀에 반응했다(욥 42:6). 이런 사례를 통해 예배의 대화는 "율법과 회개"의 형식을 취함을 알 수 있다. 하나님이 자신의 율법을 말씀하시고, 그 거룩함을 나타내시면 우리는 겸손히 우리의 죄를 회개해야 한다. 출애굽기 24장과 이사야서 6장에서도 이와 똑같은 형식이 발견된다. 또한 요한복음 7장에는 예수님의 은혜로운 초청이 기록되어 있다. 그분은 "누구든지 목마르거든 내게로 와서 마시라 나를 믿는 자는 성경에 이름과 같이 그 배에서 생수의 강이 흘러나오리라"라고 말씀하셨다(요 7:37, 38). 하나님은 그리스도의 충족성과 그분의 의의 공로를 먼저 전하고 나서 그에 대한 반응으로 우리에게 믿음을 요구하신다. 이런 대화의 원리는 예배와 함께 거행되는 성찬을 통해서도 분명하게 드러난다. 하나님은 떡과 포도주를 통해 영원히 변하지 않는 은혜의 약속을 확증하신다. 그러면 그분의 백성은 하늘의 식탁에 나아와서 자신들의 영혼을 위한 그분의 선물을 받음으로써 반응을 나타낸다.

예배의 구체적인 요소에는 어떤 것들이 있는가

예배는 살아 계신 하나님과의 공동 대화로서 성경에 의해 규정되며 (진리) 믿음의 감사와 숭배하는 마음을 일으킨다(영). 예배에는 최소한 몇 가지 구성 요소가 있을 수 있고, 또 마땅히 있어야 한다. 우리는 예배의 구성 요소들을 크게 두 가지 대목(하나님의 말씀과 우리의 말)으로 나눠 정리하고자 한다.

하나님이 우리에게 말씀하신다

예배 중에 하나님이 우리에게 말씀하신다는 것에 대해 생각할 때, 먼저 강단에 서 있는 사람에게 초점을 맞추지 않도록 주의해야 한다. 충실한 사역자는 하나님의 목소리를 대변할 뿐이다. 그는 도구다. 하나님은 역사적으로 인간을 대변자로 세워 말씀하셨다(히 1:1, 2). 하나님이 자기 백성에게 말씀하시는 것과 관련된 예배의 요소들을 몇 가지 나열하면 다음과 같다.

예배로의 부름. 시편에는 하나님 앞에 모인 백성들에게 예배의 시작을 알리는 데 사용할 수 있는 본문들이 많다. 예를 들어 시편 34편 3절은 "나와 함께 여호와를 광대하시다 하며 함께 그의 이름을 높이세"라고 말씀한다. 하나님이 우리를 예배로 부르시는 것은 은혜로운 초청이자 엄위로운 명령이다. 이때가 되면 예배 시작 전의 산만한 분위기를 정리하고, 마음을 차분하게 가라앉혀 예배에 집중하기 시작해야 한다.

하나님의 인사. 히브리서 저자는 "우리 하나님은 소멸하는 불이심이라"(히 12:29)라고 말했다. 그는 그렇게 말하기 전에 구약 시대의 예배와 신약 시대의 예배를 대조하고, 비교했다. 두 시대의 예배에는 모두 경외의 요소가 포함되어 있다. 하나님이 우리를 위하신다는 확증이 필요한 이유는 바로 그런 두려움 때문이다. "하나님의 인사란 하나님이 우리 안에 거하시며 은혜와 긍휼과 평화를 베푸신다는 것을 상기시켜주는 것을 의미한다."[3] 하나님의 인사는 아하수에로 왕이 에스더에게 내밀었던 금홀과 같다. 그것은 그녀가 왕 앞에 나왔어도 죽지 않을 것이라는 의미였다(에 8:4). 우리는 하나님의 인사를 통해 우주의 왕 앞에 나아간다.

율법 낭독. 이것은 하나님의 거룩하심을 일깨워주고, 우리의 죄와 그리스도의 필요성을 상기시켜준다. 율법은 우리가 착한 행실로 말미암아 하나님 앞에서 옳다고 인정받을 수 없다는 사실을 보여줄 뿐 아니라 하나님을 기쁘시게 하는 삶의 방식을 가르쳐준다(하이델베르크 요리문답 115문).

사죄의 확신. 이것은 때로 사죄의 선언이라고도 불린다. 율법이 우리의 죄를 상기시켜주는 목적은 우리를 복음으로 소생시키기 위해서다. 그리스도께서는 자신의 사역자들에게 하나님이 그리스도 안에서 통회하고 자복하는 자들에게 용서를 베푸신다는 것을 선언할 수 있는 권한을 허락하셨다(마 18:18, 요 20:13).[4]

성경 낭독. 바울은 디모데에게 성경의 가르침과 권고는 물론, 성경을 읽는 것에 전념하라고 당부했다(딤전 4:13). 오늘날에는 신자들의 가정에서 성경을 읽는 경우가 드물기 때문에 주일 예배를 드릴 때 신구약 성경의 본문들을 좀 길게 낭독하는 시간을 가져야 할 필요가 있다.

설교. 설교는 믿음을 가진 죄인들에게 그리스도 안에서 은혜가 주어졌다는 사실에 초점을 맞춰 성경을 강해하고 적용하는 활동을 가리킨다. 성경을 읽는 것만으로는 충분하지 않다. 우리는 그것을 이해하는 것이 필요하다. 에디오피아 내시는 빌립이 설명해주기 전까지는 자신이 읽은 성경 말씀을 이해하지 못했다. 빌립의 사역은 말씀의 설교를 통해 놀라운 결실을 맺었다(행 8:26-40). 설교는 우리를 향한 하나님의 살아 있는 말씀이다(살전 2:13). 〈2차 스위스 신앙고백〉은 "그러므로 우리는 합법적으로 부르심을 받은 설교자들을 통해 교회 안에서 하나님의 말씀이 선포될 때 하나님의 말씀 그 자체가 전달되어 신실한 자들에 의해 받아들여진다고 믿는다."라고 진술했다(1장).[5]

축도. 축도는 예배 마지막에 선포되는 "하나님의 축복 선언"이다. 구약 시대에 성막과 성전에서 예배를 드릴 때 이스라엘 백성들이 하나님 앞에 나아왔다. 제사장들의 의무 가운데 하나는 하나님이 임재하신 곳에서 나와 백성들 앞에 서서 "여호와는 네게 복을 주시고 너를 지키시기를 원하며 여호와는 그의 얼굴을 네게 비추사 은혜 베푸시기를 원하며 여호와는 그 얼굴을 네게로 향하여 드사 평강 주시기를 원하노라"(민 6:24-26)라고 말함으로써 하나님의 축복을 선언하는 것이었다. 그와 비슷하게 사도들도 "주 예수 그리스도의 은혜와 하나님의 사랑과 성령의 교통하심이 너희 무리와 함께 있을 지어다"(고후 13:13)라고 말함으로써 하나님의 백성들에게 보내는 편지를 축도로 마무리했다. 축도는 하나님이 말씀과 성령으로 우리와 함께 거하실 것이라는 약속이다. 축도는 예배자들에게 하나님의 임재를 경험했다는 잊을 수 없는 인상을 심어준다. 이런 점에서 축도는 모든 "예전" 전체를 하나로 집약하는 의미를 지닌다. 예배가 주 예수 그리스도의 은혜와 성부 하나님의 사랑과 성령의 교통하심을 나타내는 것이라면 축도는 가히 예배의 핵심이라고 말할 수 있다.

우리가 하나님께 말한다

묵도. 우리의 삶은 아침에 잠자리에서 일어날 때부터 밤에 다시 잠자리에 들 때까지 종일 분주할 때가 많다. 따라서 하나님의 부르심을 듣기 전에 예배를 위해 마음을 가다듬을 시간이 필요하다.

맹세.[6] 이것은 하나님의 백성들이 하나님께 하는 맹세(votum)이다. 종종 목사가 전 교인을 대표해서 "우리의 도움은 천지를 지으신 여호와의 이름에 있도다"라고 말한다(시 124:8, 79:13 참조). 이것은 우리가 하나님께 의존하고 있고, 또 그분을 필요로 한다는 것을 맹세

하는 의미를 지닌다.

죄의 고백. 신자들은 날마다 개인적으로 죄를 고백해야 한다. 그러나 공예배는 집단적으로 우리의 죄를 고백할 수 있는 특별한 시간을 제공한다. 우리는 회중 기도나 찬송가나 묵상 기도를 통해 예배 중에 죄를 고백할 수 있다.

찬양. 우리가 예배 중에 하나님께 말하는 가장 중요한 방식 가운데 하나는 회중 찬양이다. 안타깝게도 회중 찬양은 차츰 쇠퇴하고 있다. 최근에 한 저자는 "서서히 쇠퇴해 가는 회중 찬양"이라는 글에서 "마음에서 우러나오는 진정 어린 회중 찬양이 죽어 가고 있다."라고 말했다.[7] 약간 감상적인 뉘앙스를 풍기는 말이지만 견고한 회중 찬양이 쇠퇴하고 있다는 한 가지 심각한 문제에 주의를 환기하고 있다. 이런 문제가 발생하게 된 데에는 몇 가지 요인이 있다. 전문 예배 팀을 과도하게 활용하는 탓에 회중의 참여도가 현저하게 줄어들었고, 또 찬양을 부르는 법을 배우지 못한 교인들이 많기 때문에 스스로 찬양을 부르는 것을 불편하게 느낀다는 것이 그런 요인에 해당한다. 이런 문제점들은 교회에서 찬양을 부르는 방법을 배워 각자의 입을 예배의 도구로 삼는 것에 다시 중점을 두면 쉽게 해결될 수 있다. 한편 건전한 회중 찬양을 가로막는 또 다른 장애 요인이 존재한다. 오늘날에는 인간에 대한 두려움은 커지고, 하나님을 존중하는 마음은 줄어들고 있다. 사람들의 미소와 찌푸림이 하나님의 미소와 찌푸림보다 더 중요하게 생각되면 하나님께 합당한 찬양을 통해 그분을 예배하기가 어렵다. "여호와는 나의 힘이요 노래시며 나의 구원이시로다"(출 15:2)라는 모세의 말은 회중 찬양에 대해 큰 통찰력을 제공한다. 하나님께 대한 마음을 표현하는 것이 얼마나 중요한 일인지를 깊이 의식하면 회중 찬양에 대한 우리의 접근 방식이 획기적으로 변화할 것이다.

신앙 고백. 신자들은 예배 중에 자신의 죄뿐만 아니라 믿음도 고백해야 한다. 그리스도인들은 역사적으로 사도신경과 니케아 신조를 통해 믿음을 고백해 왔다. 이 신조들은 성삼위 하나님의 존재와 사역에 초점을 맞출 뿐 아니라 하나님을 믿고, 신뢰하는 마음을 표현한다. 교회는 고백하는 공동체로 부르심을 받았다. 따라서 우리는 형제자매들 앞에서 우리의 믿음을 고백해야 한다(시 22:22, 25).

기도. 신자들이 예배 중에 하나님께 기도를 드리는 방식에는 몇 가지가 있다.

첫째는 **목회 기도**다. "목사가 기도할 때 나는 무엇을 해야 하는가?"라는 문제를 생각해 보자. 교인들이 목회 기도에 동참하는 데 도움이 되는 방법을 몇 가지 소개하면 다음과 같다.

- 기도할 내용을 미리 알려주거나 게시판에 리스트를 적어 놓는다.
- 목사의 기도 내용에 주의를 집중하여 따라간다.
- 기도하는 도중에 개인적으로 "아멘"으로 화답하고, 기도가 끝났을 때는 모두가 "아멘"으로 화답한다.
- 공동으로 기도한 내용을 개인 기도나 가정 기도의 내용으로 삼는다.

둘째는 **성령의 조명을 구하는 기도**다. 성령의 조명이 없으면 성경 말씀을 이해할 수 없다. 말씀을 공부하기 전에 먼저 겸손히 주님의 도우심을 구해야 한다.

저희를 가르치기 위해 거룩한 성경을 기록하게 하신 복되신 주님 이시여, 저희가 말씀을 듣고, 읽고, 배우고, 내적으로 소화할 수 있 도록 은혜를 베풀어 주시고, 거룩한 말씀의 위로와 인내로 주님이 구주 예수 그리스도 안에서 허락하신 영생의 복된 소망을 받아들 여, 굳게 붙잡도록 도와주소서.[8]

셋째는 적용을 위한 기도다. 설교 이후에 드리는 적용을 위한 기 도는 그 자체로 하나의 적용이다. 말씀으로 가르친 내용이 하나님 의 사역을 통해 우리 안에서 실현될 수 있게 해달라고 기도하는 순 간, 우리는 말씀을 듣기만 하는 자가 아니라 행하는 자가 되고 있 다(약 1:22).

헌금. 현대 개혁교회 안에서 헌금을 공예배의 요소에 포함시킬 것인지를 놓고 약간의 논란이 있다. 어떤 사람들은 헌금을 공예배 의 요소에 포함시켜서는 안 된다고 주장한다. 그러나 우리는 그것 이 공예배의 요소 가운데 하나라고 생각한다. 그 이유는 바울의 가 르침 때문이다(고전 16:2). 헌금 순서를 어디에 배치하느냐 하는 문제 와 관련해서는 설교 직후에 하는 것이 가장 바람직하다는 주장이 있을 수 있다. 그런 식으로 우리는 헌금을 통해 감사의 마음을 표현할 수 있다.

기독교 예배는 모두 함께 천지를 지으신 하나님을 마주하는 시간
이다. 따라서 하나님께 나아가는 방식이 너무나도 중요하다. 아무쪼
록 지금까지 말한 내용이 계기가 되어, 영과 진리로 하나님을 예배
하는 방법에 대한 성경의 가르침을 신중하게 생각해보기를 바란다.

1. 예배란 무엇인가?

2. 성경은 예배의 형태 또는 형식에 관해 어떻게 가르치는가?

3. "대화로서의 예배"라는 개념은 우리가 예배에 참여하는 것과 관련해서 무엇을 시사하는가?

4. 하나님이 예배 중에 우리에게 말씀하실 때 우리는 어떤 식으로 화답해야 하는가?

5. 욥기 40장 6, 7절은 구도자 중심의 예배에 대해 무엇을 말한다고 생각하는가?

6. 어린아이들이 예배에 잘 참여하도록 돕는 몇 가지 방법을 생각해보라.

추가적인 읽을거리

D. G. Hart and John R. Muether, *With Reverence and Awe: Returning to the Basics of Reformed Worship* (Phillipsburg, NJ: P&R Publishing, 2002).

Daniel R. Hyde, *What to Expect in Reformed Worship* (Eugene, OR: Wipf & Stock, second edition 2013). 《개혁교회 공예배》(개혁된실천사 역간).

R. C. Sproul, *Everyone's a Theologian: An Introduction to Systematic Theology* (Sanford, FL: Reformation Trust Publishing, 2014), 274 – 278.

9장
증언하는 교회

몇 년 전, 반(反)칼빈주의자로 명성이 높은 데이브 헌트는 "(칼빈주의자들은) 자기들이 주장하는 칼빈주의 때문이 아니라 오히려 그것에도 불구하고 복음을 세상에 전한다."라는 말로 복음주의를 자처하는 많은 신자들의 견해를 요약했다.[1] 내가 대학에 다니면서 종교개혁에 대해 처음 배웠을 때도 그와 비슷한 정서가 반영된 주장들을 들은 기억이 난다. 예를 들면 이렇다. 개혁주의 신학은 영원하고, 무조건적인 선택을 가르치기 때문에 한 번 선택받은 자는 어떤 일이 있더라도 영원히 선택받은 자이다. 개혁주의 신학은 그리스도께서 일부 사람들을 위해서만 십자가에서 하나님의 공의를 만족시키셨다고 가르치기 때문에 온 세상에 그분을 믿으라고 초청할 수 없다. 개혁주의 신학은 모든 인간이 죄 가운데서 죽었다고 가르치기 때문에 믿을 수도 없는 사람들에게 복음을 전해봤자 아무런 소용이 없다.

이런 점에서 칼빈주의자는 일관된 논리를 가지고 세상에 복음을 전하겠다고 할 수 없다(이런 주장들은 명백히 잘못된 것이다).

그러나 아래에서 살펴보겠지만 질서가 잘 갖춰진 생기 넘치는 교회는 단지 스스로만을 위해 존재하지 않는다. 우리는 가장 먼저는 하나님의 영광을 위해 존재하고, 그 다음으로는 교회 안에 있는 신자들의 건덕과 바깥세상에 있는 사람들의 구원을 위해 존재한다. 교회는 세상의 빛이다(마 5:14). 개개의 교회는 금 촛대이며, 예수님은 그 사이를 거니신다(계 1:12). 우리의 정체성은 우리로 하여금 증언하는 교회가 되어 "화목하게 하는 직분"(고후 5:18)을 담당하게 한다. 그렇다면 교회는 어떻게 이 사명을 실천에 옮길 수 있을까?[2]

감사하게도 하나님은 신구약 성경을 통해 자신의 선교 명령을 설명하시고, 예를 들어 구체적으로 보여주셨다. 하나님의 선교 명령을 이해하는 데 가장 유익한 방법은 사도행전을 읽는 것이다. 우리는 그곳에서 증언하는 교회의 모습을 생생하게 목격할 수 있다. 교회의 외부 지향적인 사역을 살펴보는 것은 우리에게 큰 용기를 준다. 그러나 한 걸음 뒤로 물러나서 선교의 기본 원리를 몇 가지 살펴보는 것도 매우 중요하다. 이번 장에서는 교회의 증언이 지니는 다섯 가지 측면을 살펴보고, 다음 장에서는 복음 증거의 구체적 방법을 살펴볼 생각이다.

선교의 정의(무엇)

선교는 은혜로우신 삼위 하나님의 선교(*Missio Dei*)에 응하여 감사에서 우러나오는 활동이다. 하나님은 세상을 향해 죄를 뉘우치고 자기와 화목하라고 적극적으로 부르신다.[3] 하나님이 예수 그리스도의 성육신과 죽음과 부활을 통해 우리 세상 속으로 들어오신 것을 본받아, 교회는 세상을 향해 간다.

교회는 복음 선포를 통해 세상에 다가가서 화목의 사역을 실행한다. 선교를 화목의 사역으로 간주하면(고후 5:18-21), 선교활동의 핵심이 어떻게 하면 하나님과 단절된 관계를 회복할 수 있는지 말로 명확하게 표현하는 데 있음을 용이하게 이해할 수 있다. 로마서와 하이델베르크 요리문답(2문)은 이것을 죄(롬 1:18-3:20), 구원(롬 3:21-11:36), 섬김(롬 12:1-16:27)으로 간결하게 요약한다. "모든 사람이 죄를 범하여 하나님의 영광에 이르지 못하기"(롬 3:23) 때문에 하나님으로부터 직접 비롯하는 의가 필요하다(롬 3:19-22). 하나님은 자기 자녀들에게 이 의를 값없이 베푸시기 때문에 우리는 사랑과 감사의 삶을 살아야만 한다(롬 12:1). 이 세 가지 단계를 이해하면 불신자들에게 죄의 현실을 일깨워주는 것이 얼마나 중요한지를 알 수 있다. 만일 하나님과 인간 사이에 아무런 문제도 존재하지 않아 사람들이 회개할 필요가 없다면 화목의 사역도 필요 없게 된다. 심각한 문제가 엄연히 존재하기 때문에 복음의 약속은 더욱 밝게 빛을 발할 수밖에 없다. 누구든지 십자가에 못 박히신 그리스도를 믿으면 멸망하지 않고 영생을 얻는다. 또한 그리스도의 몸인 교회에 접붙임을 받은 사람들은 하나님과 화목하게 된 자녀로서 살아갈 준비를 갖추게 된다. 다시 말해 화목의 사역이란 하나님으로부터 소외된 사람들이 예수님의 거룩한 몸에 합류하게 되는 것을 의미한다.

어떤 사람들은 이런 선교의 정의가 지나치게 편협하다고 생각할지도 모른다. 예를 들어 "이런 정의는 우리가 일반적으로 선교로 간주하는 많은 것을 배제하고 있지 않은가? 일상적인 우정, 손님 대접, 집사의 구제 사역, 건전한 직장 윤리, 사회 정의와 같은 문제들은 물론, 단기 선교로 선교 현장에서 일하는 경우는 해당되지 않는 것인가?"라고 반문할 수 있다. 사실 말씀 선포의 전후 단계에서 선교에 조력할 수 있는 방법은 많다. 그러나 왕이신 예수님이 자기 교회에 맡기신 선교 사명은 복음 중심의 제자 삼기를 통해 죄인들을 화목하게 하는 사역을 의미한다(마 28:18-20). 선교 활동이란 예수 그리스도의 복음을 전하는 것이다. 물론 말씀 사역과 행위 사역은 서로 밀접한 관계가 있어야 한다. 즉 이 둘은 함께 이루어지지만 말씀 사역이 우선권을 지닌다. 말씀 사역이 우선이고, 행위 사역이 그 다음이라는 것은 오늘날의 문화를 역행하는 것처럼 보인다. "항상 복음을 전하라. 꼭 필요한 경우에만 말을 하라."라는 아시시의 프란체스코와 같은 생각으로 "단지 선을 행하라."라는 구호를 외치는 교회들이 적지 않다. 이런 접근 방식이 오늘날에 유행하고 있지만 이것은 신약성경이 가르치는 방식이 아니다. 신약성경에서 교회의 선한 행위는 교회의 증거하는 말에 신뢰성을 실어주는 역할을 했다.

선교의 핵심은 말로 복음을 전하는 것이다. 성경은 "믿음은 들음에서 나며 들음은 그리스도의 말씀으로 말미암았느니라"(롬 10:17)라는 말씀으로 이 점을 분명히 한다. 교회 안에서든 밖에서든 회개와 믿음을 전하는 것이 선교 활동이다.

그렇다면 그리스도의 사자들은 무엇을 전해야 할까? 사도적 가르침에 따르면 그리스도께서 이루신 구원 사역과 죄인들이 믿음으로 이에 응답해야 할 필요성을 선포해야 한다. 이것은 하나님이 그리스도를 통해 이루신 것이 곧 복음이라는 뜻이다. 그리스도께서는 죄인들을 대신해서 죽으심으로써 하나님의 정의를 만족시키셨다. 〈도르트 신조〉는 "복음은 십자가에 못 박히신 그리스도를 믿는 자마다 멸망하지 않고 영생을 얻는다고 약속한다."라고 진술했다(2장 5항).[4] 이 약속은 죄인들 편에서의 반응을 요구한다. 우리는 그리스도의 고난과 죽음과 부활과 승리와 영광을 전하고 나서 "이제 어떻게 하시렵니까?"(요 19:14)라고 물어야 한다. 그리스도를 그런 식으로 전하는 것은 은혜로운 초청이자 강력한 명령이다. 너는 거듭나야 한다(요 3:7). 바울은 아덴 사람들에게 복음을 전하고 나서 "하나님이…이제는 어디든지 사람에게 다 명하사 회개하라 하셨으니"라고 말했다(행 17:30).

물론 그리스도의 사자들은 단순히 신앙의 기본 원리만을 전하지 않는다. 선교 활동이란 하나님의 메시지를 "가장 기본적인 내용"으로 축소해 전하는 것이라고 잘못 생각할 때가 많지만, 그것은 출발점에 불과하며 예수님의 지상명령은 진리를 포괄적으로 전할 것을 요구한다. 즉 예수님은 자신의 선교사들에게 새로운 제자들을 양육해 하나님의 입에서 나오는 모든 말씀으로 살게 하라고 구체적으로 명령하셨다(신 8:3, 마 28:20). 이 말이 뜻하는 것은, 선교에 관한 성경의 관점을 옳게 이해해 적용하려면 선교가 설교의 중심성과 충족성과 효율성과 유일무이성과 권위에 의존함을 확신해야 한다는 것이다.[5]

선교의 주체(누가)

성경은 성삼위 하나님이 선교의 주체가 되신다고 가르친다. 그러나 하나님은 또한 말씀을 선포하는 사람들을 통해 일하신다. 이 점을 먼저 살펴보면 다음과 같다.

직분자들의 지도를 받는 교회

교회는 하나님의 권위를 부여받아 지상명령을 수행하는 유일한 기관이다(마 16:18-19; 18:18; 28:19-20; 행 1:8; 고후 5:18-20). 이것은 사역자로 임명된 사람들만이 교회를 대신해 지상명령을 수행한다는 의미가 아니다. 그러나 예수님이 사도들에게 명령하신 사역이 설교와 세례에 근거한다는 사실은 말씀과 성례의 사역을 담당하는 사역자들이 기독교 선교의 가장 우선적인 통로라는 것을 강하게 암시한다. 이런 주장은 모든 신자가 하나님의 선교에 참여해야 한다는 원칙을 어기는 것이 아니다. 이것은 단지 역할을 구분하는 의미를 지닐 뿐이다. 신자들은 "선교의 조력자"로서 선교에 참여해야 할 책임이 있다. 모든 신자는 집사들이 감독하는 다양한 사역에 물질적 지원과 자원봉사자로 참여하여 집사 사역을 거들 수 있고(빌 4:10-20), 또한 기도를 통해 도울 수 있다(살전 5:25, 살후 3:1, 2). 우리는 격려하고 물질적으로 지원하고 말씀을 잘 받아들임으로써 말씀 사역을 도와야 한다. 또한 모든 신자는 개인적으로 소망의 이유를 설명함으로써 주변 사람들에게 다가가라는 부르심을 받고 있다(10장 참조). 그러나 이 모든 활동이 예수 그리스도의 교회와 동떨어진 상태에서 이루어져서는 안 된다.

선교가 교회를 중심으로 이루어져야 한다는 성경의 가르침은 파라처치 단체들에 관련된 문제들을 제기한다. 파라처치 단체들을 위한 자리가 있는가? 엄밀히 말해 선교 사역이 교회의 기능에 해당한다면, 집사들의 도움을 받아 장로들의 권위 아래에서 이루어져야 마땅할 것이다. 선교사들은 이사회나 네트워크가 아닌 조직화된 그리스도의 교회를 이끄는 지도자들의 통제를 받아야 한다. 그러나 파라처치 단체들도 하나님의 도구가 되어 교회가 스스로 할 수 없는 전문적인 사역을 함으로써 교회의 사역을 지원할 수 있다. 예를 들어 파라처치 단체들은 대학교, 신학교, 언어 교육 기관 등을 통해 선교사들을 훈련하는 중요한 역할을 수행할 수 있다. 아울러 교회의 선교가 파라처치 단체의 선교에 우선한다는 원칙은 신자들이 십일조 헌금을 하는 방식에도 영향을 미친다. 파라처치 단체들은 자신들의 후원자들에게 지역 교회에 헌금하는 것이 그들의 첫 번째 의무라고 가르쳐야 마땅하다.

선교와 관련된 하나님의 역할

교회를 하나님이 권위를 부여하신 유일한 선교 기관으로 인식해야 마땅하지만 하나님이 바로 선교사이시라는 사실을 잊어서는 안된다. 삼위일체 하나님의 모든 위격께서 선교에 적극적으로 개입하신다. 성부께서는 선교를 위해 "모든 권위"를 성자에게 주셨다(마 28:18). 성자께서는 사도들에게 "가서" 복음을 전하라고 명령하셨다(마 28:18). 성령께서는 성부와 성자로부터 보내심을 받아 선교 사역을 이루신다(마 28:19). 이러한 이유로 새 회심자에게 세례를 줄 때 성부, 성자, 성령의 이름으로 준다(마 28:29). 말씀을 통해 자신을 강력하게 증언하시는 분은 하나님이시다(행 14:3). 그분은 진정한 선교의 주체이시고, 우리는 그분의 도구, 곧 그분의 "질그릇"이다(고후 4:7). 그분은 영생을 주기로 작정한 사람들을 모두 구원하신다(행 13:48). 이와 같은 성경적인 하나님 중심적 선교관을 가지면 선교 현장에서 느끼는 실망감을 극복하는 데 많은 도움이 된다. 결국 모든 것은 하나님의 선교다. 우리는 그분이 하시는 대로 따를 뿐이다.

선교의 시간과 장소(언제, 어디에서)

하나님은 "세상 끝날까지"(마 28:20) 화목의 사역을 수행하라고 명령하셨다. 그리스도께서 재림하실 날은 아무에게도 알려지지 않았고 (마 24:36, 살전 5:1, 2), 하나님은 정하신 때까지는 역사의 두루마리를 봉하고 계신다. 이런 사실을 기억하면 "우리 시대에 세계 복음화를 이루자!"라는 계획이 실패하더라도 실망하지 않을 수 있다. 물론 목표를 정하는 것은 좋은 일이며, 우리는 높은 목표를 세워야 한다. 그러나 성경적인 선교 계획은 "임박한 종말론"이 종종 저지르는 실수인, 중요한 것을 빼먹고 최단 코스를 밟으려는 실수를 허용하지 않는다. 하나님이 아직 성자를 보내 세상을 심판하게 하지 않으셨다는 사실은 그분의 은혜로우심과 선교 사역을 계속 수행해야 할 우리의 의무를 상기시킨다(벧후 3:9). 예수님은 "볼지어다 내가 세상 끝날까지 너희와 항상 함께 있으리라"(마 28:20)라는 말씀으로 선교 사역의 지속적인 수행을 독려하셨다. 그때까지 우리는 세상의 빛과 소금이 되어야 한다(마 5:13-16).

선교 사역은 처음부터 끝까지 항상 교회의 특권이 되어야 하기 때문에 우리도 이 사역을 세상 끝날까지 계속 수행해야 마땅하다. 복음의 약속은 "회개하고 믿으라는 명령과 함께 모든 민족과 모든 사람에게 구별과 차별 없이 선언되고 공표되어야 한다. 하나님은 그 기쁘신 뜻대로 그들에게 복음을 허락하신다"(도르트 신조 2장 5항). 예수님은 "너희는 온 천하에 다니며 만민에게 복음을 전파하라"(막 16:15)라고 명령하셨다. 이 말씀은 교회가 자기 자신의 작은 세상 안에만 머무를 권한이 없다는 사실을 강력하게 일깨워준다. 교회는 우리 자신에 관한 것이 아니다. 이스라엘은 열방의 빛이 되어야 했다(사 49:6). 교회도 그래야 한다.

그러나 복음을 외부에 전하라는 명령은 화목의 사역이 우리 자신의 교회 안에서 원활하게 이루어질 것을 요구한다. 복음은 **교회 안**

에 있는 신자들과 불신자들을 위한 것이다. 〈하이델베르크 요리문답〉은 복음 선포가 천국의 문을 열고, 닫는 기능을 한다고 말한다.

> 신자들에게 그들이 참된 믿음으로 복음의 약속을 받아들이면 그리스도의 공로로 인해 죄사함을 받는다고 공적으로 증언하고 선포할 때 천국의 문이 열리고, 그와는 반대로 불신자들과 위선자들에게 너희가 회개하지 않는 한 하나님의 진노와 영원한 정죄가 임할 것이라고 공적으로 증언하고 선포할 때 천국의 문이 닫힙니다. 하나님은 이런 복음의 증언에 따라 이 세상과 장차 올 세상에서 사람들을 심판하실 것입니다(84문).[6]

선교의 이유(왜)

마지막으로 생각해볼 것은 선교의 동기다. 하나님의 백성이 화목의 사역에 열정을 기울여야 하는 이유는 무엇인가?[7] "하나님이 누군가를 구원하기로 작정하셨다면 우리 없이도 그렇게 하실 거야."라는 식의 태도는 절대 금물이다.

한 가지 이유는 **보상의 약속이다**. 사도들은 어느 시점에 이르러서는 예수님을 따르는 것이 과연 가치가 있는지를 의문시했다. 베드로가 다른 사도들을 대신해 "보옵소서 우리의 것을 다 버리고 주를 따랐나이다"라고 말했다. 그러자 예수님은 "진실로 너희에게 이르노니 하나님의 나라를 위하여 집이나 아내나 형제나 부모나 자녀를 버린 자는 현세에 여러 배를 받고 내세에 영생을 받지 못할 자가 없느니라"(눅 18:29-30)라고 말씀하셨다. 천국에서 누리는 하나님의 은혜로운 축복은 세상에서 우리가 충실하게 산 것을 반영한다(고전 3:14, 15, 마 25:14-30, 계 21:14). 선교 사역은 그런 충실한 삶의 일부인 것이 분명하다.

선교 사역의 두 번째 이유는 **잃어버린 자들에 대한 관심이다**. 하나님은 요나서의 마지막 구절에서 "하물며 이 큰 성읍 니느웨에는 좌우를 분변하지 못하는 자가 십이만여 명이요 가축도 많이 있나니 내가 어찌 아끼지 아니하겠느냐"(욘 4:11)라고 말씀하셨다. 하나님은 요나의 일시적인 것(밤 사이에 자란 식물)에 대한 관심과 영원한 것(영원히 죽지 않는 사람들의 영혼)에 대한 무관심을 대조하셨다. 요나서는 하나님의 물음에 아무런 대답도 하지 않고 끝맺는다. 이것은 각자 스스로 대답하라는 의미를 지닌다.[8] 개혁 신학을 받아들인 사람들이 현대 선교의 개척자들이 되었다. 그것은 그들이 잃어버린 자들에 대한 관심을 지녔기 때문이다. 제네바 개혁교회는 이미 1550년대에 브라질에 선교사들을 보냈다. 존 엘리엇(1604-1690)은 1646년부터 두 주에 한 번씩 매사추세츠에 사는 아메리카 원주민들에게 복음을 전하고, 그들의 자녀들에게 요리문답을 가르쳤다. 영국 교회는 17세기에 "뉴잉글랜드 복음전도협회"를 설립했다. 또 도르트 총회는 선교사 학교를 개설하기로 결정했다. 브레이너드 형제(데이비드와 존)는 1700년대 중반에 후사토닉 거주민들에게 복음을 전했고, "현대 선교의 아버지"로 불리는 윌리엄 캐리는 나중에 "런던 선교협회"로 일컬어진 단체를 설립했다. 로버트 모팻(1795-1883)과 데이비드 리빙스턴(1813-1873)은 남아프리카와 중앙아프리카에서 선교 사역에 헌신했고, 로버트 모리슨(1782-1834)은 1818년경에 중국어로 성경을 번역했다.

선교 사역에 적극적으로 참여해야 할 세 번째 이유는 **교회의 건강을 위해서다.** 증언하지 않는 교회는 건강할 수 없다. 증언하지 않는 교회는 자기중심적인 불순종에 치우쳐 정체 상태에 머무를 수밖에 없다. 게다가 교회의 성숙과 성장과 성화에 관한 하나님의 계획은 "훈련이 안 된" 신규 예배자들이 정기적으로 유입되는 것을 포함한다. 예수님은 증언하지 않는 교회를 향해 "너를 책망할 것이 있나니 너의 처음 사랑을 버렸느니라"(계 2:4)라고 경고하셨다. 그리스도의 지상명령(마 28:18-20)을 고려하면 사도들의 본을 따라 세상에 나가 복음을 전하는 사명을 등한시하는 교회는 "교회"라고 불릴 자격을 잃게 될 위험에 처해 있다(계 2:5 참조).

교회가 증거 사역에 힘써야 할 네 번째 이유는 **지역 사회와 국가와 온 세상의 유익을 위해서이다.** 사회에는 나쁜 소식들이 차고 넘치기 때문에 불평밖에 달리 할 일이 없다고 생각하기 쉽다. 그러나 도시들과 세상에 존재하는 빈곤과 범죄와 온갖 추한 일의 해결책이 예수님 안에 있다고 진정으로 믿는다면 문제들에 대한 불평을 중단하고, 예수님을 전하기 시작해야 한다.

교회의 증거 사역이 필요한 다섯 번째 이유는 **하나님의 명령 때문이다.** 지상명령은 해보라는 제안이 아니다. 예수님은 "너희는 내

증인이다."라고 분명하게 말씀하셨다(행 1:8).

마지막으로 교회가 증언하는 교회가 되어야 하는 가장 중요한 이유는 **하나님의 영광 때문이다**. 복음이 전파될 때 하나님은 영광을 받으신다. 죄인들이 복음을 듣고 회개할 때, 또 하나님의 백성이 그분의 이름을 말할 때 그분은 영광을 받으신다(시 34:4). 존 파이퍼는 이렇게 말했다.

> 선교는 교회의 궁극적인 목적이 아니다. 교회의 궁극적인 목적은 예배다. 선교가 필요한 이유는 예배가 없기 때문이다. 선교가 아닌 예배가 교회의 궁극적인 목적인 이유는 인간이 아닌 하나님이 궁극적이시기 때문이다…예배는 선교의 동력이자 목적이다. 예배가 선교의 목적인 이유는, 선교는 민족들을 하나님의 영광 안에서 마음껏 즐거워하는 예배의 잔치로 초청하는 것이기 때문이다. 선교의 목적은 백성들이 하나님의 위대하심 안에서 기뻐하는 것이다.[9]

이제 교회의 증언과 관련해 마지막으로 진지하게 물어야 할 질문은 "어떻게?"이다. 다음 장에서는 이 물음에 대한 몇 가지 실천적인 대답을 제시할 생각이다.

1. 복음의 메시지와 복음 사역을 화목의 관점에서 이해하는 것이 중요한 이유는 무엇인가?

2. 참된 증언에 단지 행위만이 아닌 말이 꼭 필요한 이유는 무엇인가?

3. 교회와 동떨어진 "선교 활동"이 위험한 이유는 무엇인가?

4. 증언하지 않는 교회가 건강할 수 없는 이유는 무엇인가?

5. 예배와 증언은 어떻게 관련되는가?

6. 질서가 잘 갖춰진 교회에서는 교회의 직분자들이 교회의 증언 사역을 어떤 식으로 이끌어야 하는가?

추가적인 읽을거리

J. H. Bavinck, *An Introduction to the Science of Missions* (Philadelphia: The Presbyterian and Reformed Publishing Co., 1960).

C. John Miller, *Outgrowing the Ingrown Church* (Grand Rapids: Zondervan 1986).

John R. W. Stott, *Christian Mission in the Modern World: What the Church Should be Doing Now!* (Downers Grove, IL: InterVarsity Press, 1975).

10장
증언하는 교회의 실천

처음에 그리스도를 영접하고 난 뒤 2년 동안 복음전도와 선교에 관해 내가 느꼈던 감정이 지금도 기억에 새롭다. 믿지 않는 가족들에게 매일 복음을 전하지도 못했고, 또 그들을 매주 교회에 데려가지도 못했기 때문에 나의 복음전도는 부족하다는 생각이 많이 들었다. 또 교회에서 떠나는 단기 선교 여행에 참가할 비용도 없었기 때문에 나는 마치 내가 2등 신자인 듯한 느낌을 받았다. 그로부터 몇 년이 빠르게 지나 목사가 되고 난 이후에는 교회 안에서 좀 황당한 현상을 발견하게 되었다. 나처럼 복음주의 교회에 다니다가 개혁교회의 교인이 되어 복음의 자유를 통해 비성경적인 율법주의에서 해방된 사람들 가운데 많은 사람이, 해방감에 너무 도취된 나머지 잃어버린 자들을 아예 잊고 있는 것처럼 보이는 현상이었다.

안타깝게도 복음전도가 우리들의 주요 임무가 아닌 부차적인 일에 불과하다고 생각하는 교회와 그리스도인들이 상당히 많다. 그런 교회들은 적극성보다는 소극성을 띤다. 그들은 교회 안에서 신앙을 지키는 일에만 관심을 기울일 뿐, 그것을 밖으로 들고 나가려고 하지 않는다. 소극적이 된 교회들은 위험을 감수하려고는 하지 않고, 단지 최소한의 생존에만 관심을 집중한다.[1] 그러한 교회들은 주로 교인들의 필요를 충족하기 위해 존재한다. 그런 교회는 외부인들에게 문을 걸어 잠근 폐쇄된 공동체에 불과하다. 그들은 잃어버린 자들에게 복음을 열심히 전하지도 않고, 그들을 열렬히 환영하지도 않는다. 증언하지 않는 교회는 질서가 잘 갖춰진 교회와는 거리가 멀다.

질서가 잘 갖춰진 교회는 복음 증거에 힘쓴다. 앞장에서 살펴본 것처럼 교회의 직분자들에게 지상명령이 주어졌다. 그들은 말씀을 전하고, 성례를 거행함으로써 그 명령을 이행해야 한다. 이렇게 말한다고 해서 선교와 복음전도가 교회의 직분자들만의 의무라고 생각하면 큰 오산이다. 그런 생각은 교회가 조직체이면서 동시에 유기체라는 사실을 간과한 것이다. 교회의 이런 이중적인 정체성을 바르게 파악해야만 선교를 올바로 이해할 수 있다.

교회가 조직체라는 것은 그 공식적인 구조를 가리킨다. 조직화된 교회는 하나님이 제정하신 다양한 직임과 수단을 통해 기능한다. 조직화된 교회는 말씀 선포와 성례 집행과 제자 양육을 통해 선교 사역을 수행한다.

그러나 교회는 단지 공식적인 리더십 구조로만 존재하는 것이 아니다. 교회는 살아 있는 몸이다. 유기체로서의 회중의 삶은 개개의 신자들로 이루어진 살아 있는 멤버십을 통해 고동친다. 따라서 선교위원회가 행동보다 행정에 더 많은 에너지를 소비하는 것은 우려스러운 일이다. 조직도 중요하지만 "위원회 같은 중앙집중적 기관이 기계적으로 운영됨으로써 풀뿌리적 사역을 해치지 않도록 주의해야 한다."[2] 모든 그리스도인은 그리스도께 주어진 성령의 기름 부으심에 참여한다(하이델베르크 요리문답 32문). 우리는 그리스도의 이름을 고백하는 선지자들이다(마 10:32). 우리는 잃어버린 영혼들을 위해 중보기도를 드리는 왕 같은 제사장들이다(벧전 2:9). 우리는 영적 수단들을 통해 그리스도의 왕국을 확장하기 위해 힘쓰는 왕들이다(계 1:6).

그렇다면 교회는 조직체이자 유기체로서 **어떻게** 지상명령을 수행해야 할까? 조직적이고, 실천적인 차원에서 이에 대해 답하려면 교회의 선교 사역을 **해외 선교, 회중적인 증언, 개인적인 증언**이라는 세 부분으로 나눠 생각해봐야 한다. 교회는 이 세 가지 사역을 통해 조직체(기관)이자 유기체(개인들)로서 자신의 역할을 수행한다.

해외 선교

해외 선교는 교회가 속해 있는 나라 외부에서 이루어지는 선교 활동을 가리킨다. 이런 유형의 증언 사역은 "그리스도의 이름을 부르는 곳에는 복음을 전하지 않겠다"라고 말한 바울의 신념과 일맥상

통한다(롬 15:20). 해외 선교는 교회가 존재하지 않는 소위 "세상 끝" 에서 이루어진다.

해외 선교도 국내 선교와 마찬가지로 올바로 조직화된 교회와 연결되어, 장로들의 감독 아래에서 말씀 설교, 성례 집행, 권징 실시를 통해 이루어져야 한다는 것이 우리의 믿음이다. 선교 활동의 중심 목표는 죄인들을 하나님과 화해시켜 그리스도의 몸에 속한 지체들로 만드는 것이다. 조직체로서의 교회는 유기체로서의 교회가 함께 모여 구성되는 것이기 때문에, 해외 선교도 하나님이 사람들을 자기에게로 이끄시는 것을 기뻐하심에 따라 특정한 지역에 교회들을 세우는 데 초점을 맞춰야 한다. 지상명령의 목적은 단순히 사람들을 회심하게 만드는 데 있지 않고 교회를 세우는 데 있다. 즉 선교 활동의 주요 형태는 교회 개척이며, 이것이 "세상에서 가장 효과적인 복음전도 방법"이다.[3]

교회 개척을 추구하는 해외 선교는 교회를 강조하는 사도행전의 가르침과 일맥상통한다. 바울은 선교 여행을 다니면서 새로운 지역에 복음의 씨앗을 심었다. 그는 하나님의 은혜 덕분에 그로부터 몇년 뒤에는 자신이 도구가 되어 설립된 여러 교회에 서신을 보낼 수 있었다. 간단히 말해 바울은 단지 복음을 전하는 데 그치지 않고 교회들을 설립했다. 바울 외에 사도행전에 등장하는 다른 선교사들도 각 지역에 장로들을 세워 교회를 설립했다(행 14:23). 바울은 직접적인 방문과 서신을 통해 갓 설립된 교회들과 정기적으로 연락을 취했다(행 15:41).

해외에 교회를 설립하는 일은 우리가 속한 지역 교회가 해내기에
는 다소 거리가 먼 사역처럼 보인다. 그러나 교회들은 다음과 같은
최소 세 가지 방식으로 해외 선교에 동참할 수 있다.

재정적 참여

바울은 교회들이 말씀의 사역자로 부르심을 받은 사람들을 재정
적으로 지원해야 할 의무가 있다고 분명하게 말했다(고후 11:8-9; 딤전
5:17-18). 교회 개척자들을 위한 재정 지원의 규모를 보면 교회가 지상
명령에 얼마나 깊은 관심을 기울이고 있는지를 알 수 있다. 교회들
이 다른 사역들을 위해서는 재정 지원을 아끼지 않는데, 교회 개척자
들이 교회 개척을 위한 자금을 마련하는 일에 많은 시간을 허비해야
하는 현실은 참으로 안타깝기 그지없다. 교회가 지원할 수 있는 일들
은 셀 수 없이 많다. 그러나 우리는 교회를 개척하는 사역자들을 재
정적으로 지원하는 일에 우선적으로 관심을 기울여야 한다. 교회들
은 상당한 양의 예산을 해외 선교에 할당해야 한다.

관계적 참여

선교사들은 대개 "안수식"을 거쳐 해외에 파송된다(행 13:3). 회중
의 대표자들이 현지로 떠나는 선교사들에게 안수하는 이유 가운데
하나는 그들에 대한 헌신과 유대감을 표시하기 위해서다.[4] 선교사
로 파송될 사람들에게 안수함으로써 회중은 "우리는 당신을 사랑하
고 지원합니다. 우리의 마음은 당신과 함께 있습니다."라고 말하는

셈이다. 안수식이 끝난 후 오랜 시간이 흐르더라도 보내는 사람들과 보냄을 받은 사람들은 서로 긴밀한 관계를 유지할 것이다.

선교사를 파송하는 교회에 속한 신자들은 자신들이 후원하는 사람들과 연락을 유지해야 한다. 그들이 보내주는 최근의 선교지 소식을 읽고, 그들에게도 소식을 전해야 한다. 어떤 교회들은 교인들 각자에게 해외 선교사 한 사람씩을 배정해 그들과 정기적으로 연락을 취하게 한다. 가능한 경우에는 선교 현장에 방문단을 보내야 한다. 그런 활동은 비용이 많이 들지만 매우 가치 있는 일이다. 선교사를 파송한 교회의 신자들을 동기부여하는 가장 좋은 방법은 직접 현장에 가서 사역을 살펴본 동료 신자들이 자신들이 보고 들은 생생한 이야기를 전해주는 것이다.

기도로 참여

마지막으로 신자들은 선교사들과 기도의 관계를 유지해야 한다. 바울은 자기를 후원하는 교회의 신자들에게 기도를 부탁했다(살전 5:25, 살후 3:1, 히 13:18 참조). 우리는 가정에서나 교회에서 선교사들을 위해 기도해야 한다. 그들은 최전선에서 하나님의 나라를 위해 싸우고 있다. 우리는 국내에서 일하는 사역자들은 물론, 최전선에서 하나님의 나라를 위해 싸우는 사람들을 위해 기도해야 한다.

물질과 관계와 기도를 통해 해외 선교에 참여하는 교회 안에는 교회와 선교사 간의 연락을 담당하는 사려 깊은 사람들이 있을 것이다. 선교 사역에 관한 시의적절한 정보가 교회에 전달되지 않으면 선교 활동을 위한 재정 지원이나 관심을 끌어내기가 어렵다. 회중 가운데 평균적인 사람이 그들의 선교사들의 최근 상황에 관해 제대로 설명할 수 없다면 그것은 문제가 있는 것이다.

회중적 증언

지역 회중은 국내에서도 증언하는 교회가 되어야 한다.[5] 우리는 교회의 증언은 하나님의 말씀을 전하는 것을 중심으로 해서 이루어져야 한다고 확신한다. 지역 사회의 빛과 소금이 되겠다는 좋은 의도를 가지고 일하면서도 말씀을 전하는 일의 중요성을 간과하는 잘못이 얼마든지 발생할 수 있다. 하나님은 "그리스도의 말씀을 듣는 것"을 타락한 죄인들이 하나님과 화목하게 되는 수단으로 정하셨다(롬 10:17). 〈웨스트민스터 대요리문답〉은 말씀과 성례와 기도를 "그리스도께서 자신의 중보의 은혜를 교회에 전달할 때 사용하시는 일반적인 외적 수단"이라고 규정한다(154문).

많은 교회가 은혜의 복음을 설교하는 일에 헌신하고 있다. 우리는 사람들이 교회 안에 들어와서 성경을 근거로 주의 깊게 준비된 열정적 설교를 듣게 되길 참으로 원한다. 우리는 바울이 로마서 10장에서 제기한 일련의 물음에 착안해 "사람들이 들으러 오지 않으면 어떻게 말씀을 전할 수 있겠는가?"라고 물어야 한다. 교회 편에서 아무런 계획도 세우지 않으면 믿지 않는 사람들이 계속해서 교회를 찾아오도록 만들 수 없다.[6]

교회가 증언 사역에 참여하는 방법은 크게 세 가지다. 우리는 이점을 좀 더 분명하게 설명하기 위해 약간의 과장법을 사용할 생각이다. "**끌어들이는 유형**"의 교회들은 사람들을 교회로 끌어들이기위해 큰 프로그램을 마련한다. 그들은 "꿈의 구장"이라는 개념을 적용한다. 이는 충분히 "적절한" 프로그램들을 마련해 충분히 인상적인 교회를 건설하면 사람들이 알아서 찾아올 것이라는 생각이다. 반면에, 어떤 교회들은 교인들을 개인적인 전도자로 내보내는 것을 선호한다. 이런 교회들은 "**성육신적 유형**"으로 일컬을 수 있다. 이런 교회들의 증언 사역은 주로 교회 건물 안이 아닌 집안이나 커피점 같은 곳에서 이루어진다. 이러한 유형의 교회들은 공식적 사역을 경시하면서 좀 더 "유기적인" 미묘한 접근 방식을 선호하는 경향이 있다. 세 번째 유형의 교회들은 "**태만한 유형**"으로 분류된다. 이 유형에 속하는 교회들이 매우 많다. 이들은 선교하지 않는 교회들로서 방문자들이 스스로 검색해서 제 발로 교회에 찾아오기를 희망한다. 이들은 교인들이 일반적으로 모범적인 삶을 실천함으로써 그리스도를 증언할 것이라고 추정한다. 이 마지막 유형은 하나님의 주권을 그릇 이해하고 있거나(모든 것이 하나님의 주권대로 이루어지므로 나는 아무런 책임도 없다는 식의 생각) 복음에 관한 초점을 아예 잃어버렸거나 둘 중에 하나다. 이 세 번째 방법은 사실 아무런 방법도 아니다. 따라서 우리는 앞서 말한 두 가지 방법, 곧 끌어들이는 접근 방법과 성육신적 접근 방법만을 여기에서 다루려고 한다. 교회들은 성경적인 방법을 사용해 잃어버린 자들은 안으로 끌어들이고(사 42:6), 구원받은 자들은 밖으로 내보내야 한다(요 17:18). "성육신적"이라는 표현은 요즘에 흔히 사용되는 유행어로서 여러모로 유용하다. 이 말은 성육신하신 그리스도를 임재하시게 만든다는 의미가 아니라, 그리스도께서 우리 안에서 우리를 통해 세상에 임재하신다는 의미를 지닌다.

끌어당기는 유형

일부 대형 교회 때문에 끌어당기는 유형이 부정적인 인상을 주지 않았더라면 대다수 그리스도인이 이 방식을 성경적이라고 인식하는 데 별다른 어려움을 느끼지 않을 것이다. 하나님이 빛을 교회의 상징으로 삼으신 사실은 교회가 가시적이고, 유익하고, 매력적이어야 한다는 의미를 내포한다(사 49:6, 60:3, 마 5:14-16). 교회는 죄인들을 부르시는 은혜로운 하나님을 매력적으로 반영하라는 소명을 부여받았다.

끌어당기는 유형의 교회는 사람들을 불러 예배에 참여하라고 독려한다. 시편에 자주 나타나는 예배로의 부름은 "불신자들에게도" 똑같이 적용된다. 우리가 민족들 사이에서 하나님의 영광을 선언하는 이유는 그들이 하나님께 영광을 돌리게 하기 위해서다(시 96:3, 7). 그들이 그렇게 하도록 만들려면 어떻게 해야 할까? 그들을 주님의 궁정으로 불러들여 예배를 드리게 해야 한다(시 96:9). 하나님의 백성은 교회 밖에 있는 사람들을 불러, 온 우주의 하나님을 예배하는 일에 동참하게 하는 도구들이다.

사람들을 교회로 이끄는 구체적인 방법으로는 어떤 것들이 있을까? 다양한 미디어를 통한 광고로 교회 안의 말씀을 적극적으로 알리는 것을 생각할 수 있겠다.[7] 이 일을 잘하기 위해 교회 안에 미디어 코디네이터를 두는 것을 고려할 수도 있다. 자신이 다른 사람들에게 제공할 수 있는 것을 가지고 있다는 확신이 들면 그것을 담대하게 선전해야 한다. 교인들을 통해 지역 사회에서 좋은 평판을 유지하는 것도 중요하다. 또한 가능한 만큼 방문자들에게 매력적인 교회 시설을 갖추려고 노력하라. 교회 안에서 바자회를 열어 지역 주민들을 유익하게 하라. 실직자들을 도와 안정된 직업을 찾도록 도와줄 조언자들이 교회 안에 있다면 직업 세미나를 개최하라. 이민자들이 많이 사는 동네에 교회가 위치한다면 교회 안에 영어 강좌를 마련하라. 요즘에는 조직화된 교회의 역할을 축소하려는 경향이 있다. 그러나 하나님은 여전히 우리를 세상의 빛으로 부르신다.

성육신적인 유형

끌어당기는 유형이 사람들을 교회로 이끄는 교회를 가리킨다면, 성육신적인 유형은 교회가 사람들에게로 찾아가서 자연스럽고, 의미 있는 방식으로 그들과 만나는 것을 가리킨다.

예수님은 성육신적인 유형에 근거한 복음전도의 궁극적인 본보기이시다. 예수님이 우리에게 오신 이유는 우리가 그분께 나아갈 수 없고, 나아가려고도 하지 않기 때문이다. 예수님은 세상에 계실 때 마을들을 돌아다니며 군중들에게 복음을 전하셨다. 아마도 당시의 군중들은 그렇게 일일이 찾아다니지 않았더라면 복음을 들을 기회가 없었을 것이다. 바울도 곳곳의 도시들을 다니면서 만나는 사람들에게 복음을 전했다. 요나 선지자도 하나님이 자신의 종들을 보내어 말씀을 전하게 하심을 보여주는 좋은 본보기다. 하나님은 니느웨 백성 가운데서 부흥을 일으킬 계획이셨다. 하지만 하나님은 그들을 이스라엘 나라 안으로 불러들여 회개와 믿음의 메시지를 듣게 하지 않으셨다.

그렇다면 우리는 불신자들이 있는 곳에 찾아가서 그들을 만나려면 어떻게 해야 할까? 먼저 얼굴과 얼굴을 대면하여 만나야 한다는 원칙을 기억하는 데서부터 시작해야 한다. 교회가 밖으로 나가서 사람들을 만날 수 있는 기회를 만들어야 한다. 도시 축제 행사가 있을 때는 그 기회를 이용해 맥주나 다과를 파는 이동식 점포 옆에 교회를 알리는 좌대를 마련하라. 교회 안에서 일 년 내내 만나는 사람들보다 길거리 시장에서 하루나 이틀 동안에 만나는 사람들의 숫자가 더 많다는 것을 알게 될 것이다. 동네를 가가호호 방문할 수도 있다.[8] 우리의 의도는 여호와의 증인들과는 달리 반드시 이웃 사람들의 기존 신앙에 도전하기보다는 그들에게 긍정적으로 다가가는 데 중점을 둔다. 우리는 사람들에게 우리가 지역 사회에 관심을 기울이고 있다는 사실과 그들이 교회에 나오기를 원한다는 사실을 알려야 한다. 교회에 관한 자료를 나눠줄 수도 있다. 이러한 활동을 통해 교회에 대한 긍정적인 인상을 심어줄 수 있기를 바란다.[9]

얼굴을 대면하여 만나는 것이 최선이지만 설교가 기록된 유인물을 나눠주는 기회도 소홀히 해서는 안 된다. 교회에 나오지는 않더라도 설교를 읽는 것은 싫어하지 않는 사람들이 있을 수 있다. 바울은 서신들을 써 보내면서 회중 가운데 돌려보라고 권고했다(골 4:16). 식당이나 주유소에 오디오 CD를 비치해 놓는 것도 좋다. 교인들이 자신의 친구들을 위해 온라인으로 설교 동영상을 공유하는 것도 한 방법이다.

개인적인 증언

개인 전도를 주제로 다룬 좋은 책들이 많다.[10] 우리는 개인 전도를 위한 포괄적인 계획을 제시하기보다는 그것을 방해하는 가장 심각한 방해 요인 두 가지에 대해서만 말하고 싶다.

동기의 결여

슬프게도 복음전도가 무엇인지 모르거나 그것이 그다지 중요하지 않다고 생각하는 탓에 복음을 전하지 않는 교인들이 너무나도 많다. 우리는 불신앙에 사로잡힐 때가 많다. 하나님은 이 사실을 아시고, 우리의 죄를 회개하고 용서를 구하면 기꺼이 용서를 베푸신다. 우리는 불신앙을 극복하기 위해 힘써야 한다. 불신앙에 굴복해 "나는 절대로 복음을 전하지 않을 거야."라고 말해서는 안 된다. 그것은 우리 자신도 복음을 믿지 않는다는 증거일 수 있다. 암을 치료하는 방법이 있는데도 그것을 다른 사람들에게 알려주지 않는 이유는 세 가지밖에 없다. 하나는 그런 방법을 알고 있다는 사실을 스스로가 모르고 있기 때문이고, 다른 하나는 그것이 효과가 있다고 믿지 않기 때문이며, 나머지 하나는 암으로 죽어 가는 사람들을 염려하지 않기 때문이다. 복음을 믿는가? 예수님을 믿지 않으면 지옥에 갈 수밖에 없다고 분명히 믿는가?

개인적인 증언과 관련된 대표적인 성경 구절은 베드로전서 3장 15절이다. 이 구절은 그리스도를 전하는 사람들이 스스로가 전하는 소망을 실제로 소유하고 있다는 것을 전제로 "너희 마음에 그리스도를 주로 삼아 거룩하게 하고 너희 속에 있는 소망에 관한 이유를 묻는 자에게는 대답할 것을 항상 준비하되 온유와 두려움으로 하고"라고 말씀한다. 여기에서 "온유(프라우테스)"와 "두려움(포보스)"이라는 용어는 주님이신 그리스도를 공경하면서 친절한 태도로 복음을 전하라는 의미를 지닌다.[11]

방법의 결여

우리 가운데 많은 사람이 복음을 전하지 않는 이유는 방법을 모르기 때문이다. 기본적인 지침을 몇 가지 제시하면 다음과 같다. 첫째, **집 근처에서부터 시작하라.** 대다수 사람은 서로 정기적으로 마주치는 사람들이 그다지 많지 않다. 그러나 그렇다고 해서 복음을 전할 기회를 가질 수 없는 것은 아니다. 그리스도인은 누구나 훈련과 학습을 통해 친구들에게 복음을 전할 수 있는 능력을 갖춰야 한다.

둘째, **의도적이고, 선제적인 태도를 취하라.** 사람들에게 관대하게 베풀도록 하라. 당신의 집을 복음전도와 증언의 장소로 여기고, 믿지 않는 가족들과 이웃들을 초대해서 죄인들을 향한 그리스도의 사랑을 보고 들을 수 있게 하라.

셋째, **미디어를 활용하라.** 오늘날의 그리스도인들은 소셜 미디어를 통해 친구들에게 기독교 관련 매체를 소개할 수 있는 기회가 많다.[12] 설교가 기록된 인쇄물이나 전자책을 이웃들에게 전달하라. 편지는 이제 거의 사용되지 않지만 지인이나 친척들을 직접 마주하고 그리스도를 담대하게 전하기가 어렵거든 전할 내용을 글로 적어 보낼 수도 있다.

넷째, **좋은 평판을 유지하라.** 우리의 삶이 믿음과 모순되는 모습을 보이면 우리의 증언에 심각한 장애가 초래될 수밖에 없다. 예수님의 가르침대로 우리는 사람들에게 "빛", 곧 착한 행실을 보여 하나님께 영광을 돌리게 해야 한다(마 5:14-16).

죄책감을 느끼게 하면서 이 장을 끝마치고 싶은 생각은 조금도 없다. 구원의 사역은 주님의 사역이다. 그것은 주님의 선교다. 우리가 이 사실을 믿고, 또 그분이 우리를 죄의 권세와 죄책으로부터 은혜롭게 구원하셨다고 확신한다면, 마땅히 감사하며 이 위대한 진리를 다른 사람들에게 전할 수 있는 용기를 구하는 것을 잊지 말자.

1. 교회에서 주관하는 해외 선교에 관계적 차원에서 좀 더 깊이 참여하려면 어떻게 해야 할까?

2. 교회가 후원하는 다양한 사역들과 선교사들에 관해 얼마나 잘 알고 있는가? 개인적으로 해외 선교 사역을 후원하고 있는가?

3. 끌어당기는 유형의 복음전도가 지니는 장단점은 무엇인가?

4. 성육신적 유형의 복음전도가 지니는 장단점은 무엇인가?

5. 개인적으로 복음을 전하고자 할 때 어떤 어려움이 있는가? 좀 더 신실하게 그런 어려움을 극복하려면 어떻게 해야 할까?

추가적인 읽을거리

The Grand Rapids Board of Evangelism of the Christian Reformed Churches, *Reformed Evangelism: A Manual on Principles and Methods of Evangelization* (Grand Rapids: Baker Books House, 1948).

Roger S. Greenway, ed., *The Pastor-Evangelist: Preacher, Model, and Mobilizer for Church Growth* (Phillipsburg: Presbyterian and Reformed Publishing Company, 1987).

R. B. Kuiper, *God-Centered Evangelism: A Presentation of the Scriptural Theology of Evangelism* (Grand Rapids: Baker Book House, 1961), 111 – 171.

Will Metzger, *Tell the Truth: The Whole Gospel to the Whole Person by Whole People* (Downer's Grove, IL: Inter-Varsity Press, 1981).

11장
회개하는 교회

목사가 된 후에 처음 맞이하는 휴가였다. 거의 일 년 동안 잠시도 쉬지 않고 사역에 열중했기 때문에 재충전의 시간이 필요했다. 휴가를 마치고 집에 돌아와 보니 음성 메일이 잔뜩 쌓여 있었다. 좋은 시간은 다 지나고 말았다. 교회의 핵심 그룹에 속한 팀원 한 명이 심각한 죄를 저지른 것이다. 권징은 교회의 표징이지만 죄를 지은 팀원에게 회개를 촉구하는 과정은 결코 쉽지 않았다.

앞의 장들에서는, 교회로 부르심받은 우리가 무엇을 해야 하는지와 교회가 무엇인지에 관한 성경의 높은 기준을 제시하는 데 초점을 맞추었다. 높은 기준이 지니는 문제는 지키기가 어렵다는 것이다. 개인이든 교회든 스스로가 말씀의 기준을 온전히 충족시키고 있다고 생각한다면, 그것은 하나님의 기준을 잘 모르거나 스스로의 결함을 전혀 못 보고 있거나 둘 중 하나이다. 어쩌면 둘 다일 수도 있다. 인정하기 어려울지도 모르지만, 우리는 교회를 향한 하나님의 완전한 기준에 전혀 미치지 못한다. 다만 다행스러운 것은, 하나님께서 교회 지도자들이나 교인들의 실패에 대한 해결책을 가지고 계신다는 점이다. 그것은 다름 아닌 회개다. 성경이 가르치는 회개는 **생각의 변화**(메타노에오, 딤후 2:24-26)에서 시작해서 행동의 변화(에피스트레포, 살전 1:9)로 나아간다. 이 일은 회심의 순간, 곧 회개하고 믿는 순간에 단번에 이루어진다.

그러나 교회는 또한 계속해서 죄를 회개하는 삶으로 부르심받고 있다. 예수님은 요한계시록에 등장하는 일곱 교회 가운데 다섯 교회를 향해 회개하라고 명하셨다. 그 이유는 그들이 그릇된 길로 치우쳤기 때문이다(계 2:5, 16, 22; 3:3, 19). 이 명령은 단지 그들에게만 하신 것이 아니라 그리스도의 초림부터 재림까지의 시간 동안 존재하는 모든 교회에게 하신 명령이다. 이 세상에 사는 동안 신자들은 정기적으로, 날마다 회개해야 한다. "우리의 죄를 사하여 주옵시고"라는 기도에는 "우리가 매일 저지르는 실패를 용서하소서"라는 기도의 의미가 포함되어 있다(웨스트민스터 대요리문답 194문). 문제는 우리가 우리의 생각과 말과 행위를 뉘우치기보다 스스로 옳다고 인정하려는 성향을 지니고 있다는 것이다. 그런데 그런 우리가 어떻게 회개하는 교회가 될 수 있을까?

하나님은 우리에게 교회 권징이라는 회개의 수단을 허락하셨다. 안타깝게도 권징은 종종 **부정적이고 징벌적인** 의미로만 이해될 때가 많다. 그러나 성경이 가르치는 권징은 단지 죄를 짓고 회개하지 않은 것에 대한 징벌이 아니라 교회의 목사들과 장로들과 동료 신자들이 **사랑으로 행하는 긍정적인** 목양 방법에 해당한다. 교회의 권징은 항상 회개를 통해 하나님과 다른 사람들과의 관계를 회복하는 것을 목표로 한다.

권징의 원리

권징의 원리를 몇 가지 제시하면 다음과 같다.

권징은 하나님이 사랑으로 정하신 방책이다

권징의 개념을 옳게 이해하려면 그것이 사랑하시는 성부 하나님의 선물이라는 것을 알아야 한다. "주께서 그 사랑하시는 자를 징계하시고"(히 12:6). 하나님은 자신이 신자들을 징계(또는 권징)하시는 방식을 자애로운 부모가 자식을 훈계하는 방식에 빗대셨다(히 12:7-11). 그분은 징계(또는 권징)가 고통스럽지만 필요하고 유익하다고 말씀하셨다. 하나님은 징계(또는 권징)를 통해 자신의 자녀인 우리에 대한 사랑과 부성애를 보여주신다. 하나님의 징계는 사랑에서 우러나오는 그분의 무한한 지혜에서 비롯한 것이다. 참으로 부끄러운 일이지만 세상의 부모들은 순수하지 못한 동기와 그릇된 논리와 악한 감정으로 자녀들을 징계할 때가 많다. 그러나 하나님은 항상 자기 자녀들을 유익하게 하기 위해 징계(또는 권징, 영어로는 'discipline'-편집주)를 베푸신다(히 12:10).

권징은 하나님이 명하신 것이다

권징이 하나님이 사랑으로 마련하신 방책이라는 사실을 이해하지 못하면 하나님이 자기 자녀들을 징계할 때 사용하시는 수단들을 보고 실족하기 쉽다. 하나님은 자기 백성을 성숙한 자녀들로 양육하기 위해 자연적이거나 초자연적인 수단을 통해 징계를 베푸신다. 예를 들어 그분은 경제적인 위기, 질병, 자연재해 등을 이용해 우리의 주의를 환기하신다. 또한 그분은 우리의 마음과 양심에 직접 역사해 죄를 깨우쳐주시고, 거룩함을 갈망하게 하신다. 따라서 우리는 "이 험한 세상에서 하나님이 나에게 허락하시는 시련은 무엇이든 나를 유익하게 할 것입니다. 왜냐하면 그분은 전능하신 하나님이기에 능히 그렇게 하실 수 있고, 또 신실하신 아버지이기에 기꺼이 그렇게 하실 것이기 때문입니다."라고 말할 수 있다(하이델베르크 요리문답 26문).[1]

그리스도인들은 인간 대리자를 통해 권징이 실시될 때 그것을 하나님의 권징으로 받아들이기를 주저하는 경향이 있다. 그러나 하나님은 신자들에게 "누구든지 죄의 유혹으로 완고하게 되지 않도록" 서로 권고하라고 명령하셨다(히 3:13). 교회의 권징과 관련된 대표적인 성경 본문인 마태복음 18장은 일련의 명령법으로 구성되어 있다. 교회의 권징은 선택 사안이 아닌 의무다. 버가모 교회와 두아디라 교회는 이단 사상을 가르치는 교사들과 이방의 가증스러운 행위들을 용납한 이유로 책망을 받았다(계 2:14; 2:20; 2:24). 그들은 권징을 실시해야 할 의무가 있었다.[2] 신자들이 영적 권징을 실시하지 않으

면 교회는 하나님의 전능하신 손에 의해 혹독한 징계를 당할 수 있
다(고전 11:30-32).

권징은 하나님의 자녀들에게 유익하다

하나님의 자녀들이 올바른 길에서 벗어나 파멸적 행동을 하면,
건전한 책망을 받아야 한다(딛 1:13). 그리스도 안에서 자매가 되었
고, 결혼을 통해 인생의 반려자가 된 아내를 동등하게 대우하지 않
는 잘못된 습관을 지닌 남자는 동료 신자들의 책망을 받아 마땅하
다. 만일 그가 지혜롭다면 그 책망이 그를 유익하게 할 것이다(잠
9:8). 남편을 뒤에서 욕하는 아내도 책망을 받아야 한다. 그녀가 순종
하는 마음을 지니고 있다면 책망하는 자의 말이 그녀에게 "금고리
의 정금 장식처럼" 보일 것이다(잠 25:12). 어리석은 자는 견책이 자기
에게 유익하다는 것을 모르기에 그것을 싫어하지만(잠 15:12), 지혜로
운 자는 책망이 깨달음을 준다는 사실을 알기에 그것을 달갑게 받
아들인다(잠 21:11). 전도서의 지혜자는 "가난하여도 지혜로운 젊은
이가 늙고 둔하여 경고를 더 받을 줄 모르는 왕보다 나으니"(4:13)라
고 말했다.

권징은 하나님의 교회에게 유익하다

권징은 개인은 물론 교회를 유익하게 한다. 바울은 교회의 죄가
온 몸에 영향을 미치는 악성 종양과도 같다고 말했다. 따라서 온 몸
이 영향을 받기 전에 그것을 서둘러 처리해야 할 필요가 있다(고전

5:5, 6). 병이 안에서 곪아 터지게 방치하는 교회는 질서가 잘 갖춰진 교회라고 할 수 없다. 사적인 충고만으로 온 교회에 영향을 미칠 수 있는 어리석음을 효과적으로 제거할 수 있을 때도 있지만(잠 13:20), 죄가 공개적으로 드러났거나 너무 심각하거나 죄인이 완고할 때는 사적인 충고로 충분하지 않다. 그때에는 죄인을 공개적으로 책망해 다른 교인들에게 죄의 심각성을 일깨워주어야 한다(딤전 5:20).

권징은 하나님의 영광을 드높인다

교회는 하나님을 대표한다. 교회 안에서 죄를 용납하면 그분의 평판이 실추된다. 하나님은 에스겔서 20장에서 "나라들 앞에서 내 이름을 더럽히지 않게" 하기 위해 광야에서 반역을 일삼던 이스라엘 백성을 징계하셨다고 말씀하셨다(14절). 집이 무너지면 그 소유주가 수치를 당할 수 있다. 교회는 하나님의 집이다(엡 2:19). 교회가 내부적으로 망가진 것을 고치지 않고 내버려두면, 하나님의 영광을 반영하는 거울이 되어야 할 소명을 스스로 조롱하는 격이다.

권징의 실천

지금까지 말한 원리들을 실천에 옮기려면 어떻게 해야 할까? 권징 실천의 세 가지 측면을 제시하면 다음과 같다.

자기 권징(Self-Discipline)

기독교 권징의 실행은 무엇보다도 하나님의 모든 자녀가 감당해야 할 개인적인 의무다. 좋은 코치는 "쇠사슬의 강도는 가장 약한 고리에 달려 있다. 약한 고리가 되지 말라."라고 조언할 것이다. 교회 안에서의 개혁은 신자 개개인에서부터 시작되어야 한다.

자기 권징은 자기 점검에서부터 시작된다. 다윗은 "하나님이여 나를 살피사 내 마음을 아시며 나를 시험하사 내 뜻을 아옵소서 내게 무슨 악한 행위가 있나 보시고 나를 영원한 길로 인도하소서"(시 139:23, 24)라고 기도했다. 다윗의 기도는 그가 스스로를 시험하고, 살피는 습관을 지녔다는 것을 보여준다. 신자들은 정기적으로 자기 자신을 살펴야 한다(고전 1:28, 고후 13장). 자기를 살피지 않으면 하나님과 그분의 뜻을 추구하는 열정이 식기 쉽다. 바울은 육신의 행위와 성령의 열매의 목록을 자기 점검의 기준으로 제시했다(갈 5:6-26). 육체의 일은 분명하니 우리 자신을 살펴야 한다(갈 5:19).

자신을 점검한다는 것은 어떤 모습을 갖는가? 첫째, 자기를 점검하는 자는 하나님과 사람 앞에서 겸손하고 솔직하다. 우리는 전적타락의 교리를 고백하면서도 이 교리가 실제로 우리에게 개인적으로 영향을 미치고 있다는 사실을 인정하지 못할 수 있으니 주의해야 한다. 둘째, 신뢰할 만한 믿음의 친구의 도움을 빌려 우리 자신을 살펴야 한다. 나이가 들면 정기적으로 건강검진을 받는 것이 좋다. 그렇다면 영적인 건강검진도 정기적으로 받아야 좋지 않겠는가? 다른 사람들의 도움이 없으면 하나님의 기준을 주관적으로 변경시켜 우리의 성향에 맞추려고 시도할 가능성이 크다. 하나님이 우리에게 본보기로 허락하신 사람들, 곧 교회의 지도자들을 눈여겨봐야 한다(빌 3:17). 교회의 지도자들은 자기 권징의 본보기가 되어야 한다(벧전 5:3). 이것이 바울이 "내가 내 몸을 쳐 복종하게 함은 내가 남에게 전파한 후에 자신이 도리어 버림을 당할까 두려워함이로다"(고전 9:27)라고 말한 이유다. 교회의 경건은 지도자의 경건과 비례할 때가 많다는 말이 예로부터 전해져 온다. 그러므로 자기 권징은 교회 권징의 핵심에 자리잡고 있다. 하지만 성화는 혼자서 하는 일이 아니다. 신자들은 온전하게 되기 위해 서로를 필요로 한다(엡 4:11-16).

개인 간의 권징

개인 간의 권징이란 한 사람의 신자가 사랑에서 우러나오는 말로 다른 신자의 잘못된 점을 교정해주는 것을 의미한다. 오늘날에는 이런 개인 간의 권징을 행하기 주저하는 경향이 있다. 흔히 내세우는 변명을 몇 개 열거하면 다음과 같다.

• 개인 간의 권징을 위선적인 행위로 생각한다. 결국에는 당신도 "내 눈에는 들보가 있어요. 나도 똑같은 죄인이네요."라고 말하는 것이 마땅하다는 것이다. 남을 지적하려는 당신도 같은 죄에 붙들려 있으니까 당신은 위선자라는 것이다. 그러나 예수님은 이렇게 말씀하신다. "먼저 네 눈 속에서 들보를 빼어라 그 후에야 밝히 보고 형제의 눈 속에서 티를 빼리라"(마 7:5).

- 개인 간의 권징을 회피하는 이유는 우리가 다른 사람의 판단하는 말에 극도로 거부 반응을 보이기 때문이다. 예수님은 "판단하지 말라"고 가르치셨다. 그렇지 않은가? 물론이다. 그러나 그분은 또한 "공의롭게 판단하라"(요 7:24)고도 말씀하셨다. 바울도 "밖에 있는 사람들을 판단하는 것이야 내게 무슨 상관이 있으리요마는 교회 안에 있는 사람들이야 너희가 판단하지 아니하랴"(고전 5:12)라고 말했다. "판단하지 말라"는 말을 자주 내세우지만 그런 식의 대응은 성경의 가르침이라기보다는 관용(tolerance)을 앞세우는 오늘날의 문화적 풍조에서 나온 말이다.

- 개인 간의 권징을 거부하는 이유는 다른 친구의 비위를 거스르기를 원하지 않기 때문이다. 이런 변명은 "친구란 무엇인가?"라는 질문을 제기하게 한다. 하나님은 친구에게 아픈 책망을 아끼지 않는 것을 그리스도인이 갖춰야 할 인격적인 특성 가운데 하나로 간주하신다(잠 27:6). 죄의 책망과 회개를 통해 영적 회복이 이루어지는데, 이를 꺼린다는 것은 곧 하나님보다 사람을 더 두려워한다는 증거다. 이것은 또한 그리스도 안에서 형제자매가 된 사람들의 행복에 무관심하다는 증거이기도 하다. 참된 친구는 친구가 계속 죄를 짓도록 방치하지 않는다.

- 개인 간의 권징을 꺼리는 이유는 우리 자신이 비판받을 빌미를 제공하기를 원하지 않기 때문이다. 예를 들어 "내부 고발자"는 자신을 다른 사람들의 판단에 노출시키는 격이다. "각자 자기 방식대로 살자."라는 말은 "당신이 나의 잘못을 눈감아 준다면 나

도 당신의 잘못을 눈감아 주겠소.”라는 의미를 지닐 때가 많다.

 "네 형제가 죄를 범하거든 가서 너와 그 사람과만 상대하여 권고하라”(마 18:15)라는 말씀대로 하나님은 모든 신자가 권징을 통해 서로의 잘못을 바로잡아주는 일을 하기를 원하신다. 형제의 죄 때문에 속앓이도 하지 말고, 그것에 대해 험담을 늘어놓지도 말며, 원망하는 마음을 계속 품고 있지도 말라. 하나님은 개인 간에 갈등이 일어났을 때 그런 식의 태도를 취하기보다 "죄를 지은 형제를 책망해 회개할 수 있게 하라”고 말씀하신다.

 그러나 예수님은 우리의 형제자매들이 우리에게 죄를 지었을 때 단지 그들을 책망하는 데 그치지 말라고 가르치셨다. 바울은 예수님의 가르침을 일반화시켜 "형제들아 사람이 만일 무슨 범죄한 일이 드러나거든 신령한 너희는 온유한 심령으로 그러한 자를 바로잡고 너 자신을 살펴보아 너도 시험을 받을까 두려워하라”(갈 6:1)라고 당부했다. "나는 신령하지 않기 때문에 이 말씀은 나와 아무런 상관이 없어.”라고 생각할 사람이 있을지도 모르겠다. 그러나 만일 우리가 실제로 신령하지 못하고 "육체의 욕심을 이루며” 산다면(갈 5:16) 우리 스스로 주의를 기울여야 할 심각한 문제를 안고 있는 것이므로 신령한 감독자들의 도움을 받아 서둘러 그 문제를 처리해야 할 것이다.

 바울 사도는 모든 신자가 "선함이 가득하고 모든 지식이 차서 능히 서로 권하는 자”가 되어야 한다고 생각했다(롬 15:14). 그는 골로새 신자들에게 보낸 서신에서도 그와 비슷한 말을 했다. "그리스도의 말씀이 너희 속에 풍성히 거하여 모든 지혜로 피차 가르치며 권면하고"(골 3:16). 한 저자는 "바울은 골로새서와 로마서에서 그리스도인들이 권면으로 서로의 잘못을 일깨워주는 일을 정상적인 일상의 활동으로 간주했다. 그는 로마에 있는 신자들이 지식과 선함이 가득했기 때문에 능히 그렇게 할 수 있을 것이라고 확신했다."라고 말했다.[3] 이렇듯 바울은 신자들이 동료 신자들을 권고하는 의무를 충실하게 이행하면 교회 안에서 많은 선이 이루어질 것이라고 확실하게 믿었다.

교회의 권징

죄의 문제가 사적인 차원에서 해결되지 않을 때는(그런 경우가 많다) 그 문제를 교회 앞에 가져와야 한다(마 18:17-20). 그리스도께서는 마태복음 16장에서 베드로를 비롯해 교회의 기둥이 되는 여러 사도들에게 말씀하시면서 이 절차를 확립하셨다. 그분은 그곳에서 "내가 천국 열쇠를 네게 주리니 네가 땅에서 무엇이든지 매면 하늘에서도 매일 것이요 네가 땅에서 무엇이든지 풀면 하늘에서도 풀리리라"(마 16:19)라고 말씀하셨다(요 20:23 참조). 바울은 에베소 교회의 장로들을 만난 자리에서 "여러분은 자기를 위하여 또는 온 양 떼를 위하여 삼가라 성령이 그들 가운데 여러분을 감독자로 삼고 하나님이 자기 피로 사신 교회를 보살피게 하셨느니라"(행 20:28)라고 말했다. 장로들은 갈등이 발생한 상황에서 하나님의 양 떼를 잘 인도해야 하고,

또 필요한 경우에는 그리스도께 복종하기를 완강히 거부하는 자들을 출교시켜야 할 의무가 있다(고전 5:13).

출교는 기본적으로 교회가 멤버십 제도를 실천하는 것을 전제로 한다. 멤버십 제도가 교회 권징의 "앞문"이라면 출교는 그 "뒷문"에 해당한다. 교회를 이끄는 목자들이 양들을 효과적으로 보살필 수 있으려면 양들이 "교회의 다스림에 복종하겠다고 약속하고, 교리나 삶과 관련해 과실을 범했을 때는 교회의 권고와 권징을 달게 받아들이겠다고 약속해야 한다."[4] 그런 충실한 권징이 이루어지지 않으면 교회의 문이 "회전문"처럼 되어 권징을 받은 사람들이 단순히 다른 교회로 이동해 받아들여지는 오류가 발생할 수밖에 없다.

죄인이 회개하지 않으면, 권징의 과정은 "권징의 뒷문", 곧 출교 결정에 이르기까지 세 단계를 거쳐 진행된다. 첫째, 성찬 참여를 금지한다. 성찬은 회개하고, 믿는 죄인들만을 위한 것이다. 둘째, 죄인과 그가 지은 죄를 교회 전체에 알린다. 셋째, 죄인을 공식적으로 교회에서 내쫓고, 끝까지 회개하지 않을 때는 하나님의 나라로부터도 내쫓는다.

권징의 결과는 그처럼 심각하다. 따라서 권징을 실시할 때는 극도로 신중해야 한다. 교회의 지도자들은 철권으로 다스려서는 안 된다. 베드로는 교회의 장로들에게 "너희 중에 있는 하나님의 양 무리를 치되 억지로 하지 말고 하나님의 뜻을 따라 자원함으로 하며 더러운 이득을 위하여 하지 말고 기꺼이 하며 맡은 자들에게 주장하는 자세를 하지 말고 양 무리의 본이 되라"(벧전 5:2, 3)고 당부했다.

요즘에 권징을 무시하는 풍조가 만연한 이유는 "교회는 죄인들을 위한 곳이다."라는 생각 때문이다. 물론 잘못된 생각은 아니다. 그러나 좀 더 정확하게 말하면 교회는 "회개하는" 죄인들을 위한 곳이다. 이것이 권징의 목적이다. 우리는 이 잃어버린 참된 교회의 표징을 되찾아야 할 필요가 있다. 오늘날 "권징의 영성"을 옳게 이해하지 못하는 교회들이 많다. 루이스 벌코프는 권징의 결과를 매우 낙관적으로 바라보았다. 그는 "권징의 절차를 언제 시작해야 할지, 그 치유책이 과연 효과가 있을지, 병든 지체를 결국 잘라 버려야 할지는 쉽게 단정해 말하기가 어렵다. 아마도 교회는 죄인을 회개하게 만들 수 있을 것이며, 물론 이것이 좀 더 바람직한 목적이다."라고 말했다.[5]

우리는 믿음이 흔들리는 형제나 자매에게 다가가서 그들이 하는 행위가 회개해야 할 필요가 있는 죄라는 사실을 사랑으로 말해줄 수 있는 용기를 다시금 회복해야 한다. 그런 일을 할 때, 그들을 위해 기도하고, 그들을 사랑하는 마음으로 어느 정도의 시간을 주고 기다려야 한다. 그렇게 하면 우리는 선한 목자이신 주님을 좀 더 닮을 수 있고, 교회는 어린양의 혼인 잔치에 참여할 준비를 좀 더 완벽하게 갖출 수 있을 것이다(엡 5:24-27).

예수님의 교회는 모두 "교회로 부르심을 받은 우리는 누구인가? 교회인 우리는 어떻게 결정을 내려야 하는가? 우리는 다른 그리스도의 몸들과 어떻게 관계를 맺어야 하는가? 우리가 해야 할 일은 무엇인가?"라는 네 가지 질문을 항상 물어야 할 필요가 있다. 우리는 이 질문들을 신중하게 생각하고, 개인적인 차원에서나 집단적인 차원에서나 겸손히 우리의 한계와 죄를 인정하며, 회개를 통해 하나님의 은혜로 새롭게 되어야 한다.

1. 교회의 권징과 관련된 어려움을 몇 가지 말해보라.

2. 교회의 권징과 관련된 축복을 몇 가지 말해보라.

3. 자기 권징이 권징의 첫 단계인 이유는 무엇인가?

4. 고린도후서 5장 20절은 어떤 태도로 권징을 실시하라고 가르치는가?

5. 교회 권징의 초기 단계는 재빨라야 하는가 아니면 천천히 이루어져야 하는가?

6. 출교란 무엇인가? 출교가 행해지면 실제적으로 어떤 결과들을 가져오나?

추가적인 읽을거리

Jay Adams, *Handbook of Church Discipline* (Grand Rapids: Zondervan, 1974).
URCNA Church Order articles 51 –63. https://www.urcna.org/sysfiles/
member/custom/file_retrieve.cfm?memberid=1651&customid=23868
(Accessed February 17, 2014).
Idzerd Van Dellen and Martin Monsma, *The Church Order Commentary:
Being a Brief Explanation of the Church Order of the Christian Reformed
Church* (Grand Rapids: Zondervan, 1941), 291 –333.

결론
하나님을 영화롭게 하는
교회의 통치구조가 필요하다

학생이든 주부든 사업가든 근로자든, 교회의 지도 체제에는 모두들 거의 관심을 기울이지 않는다. 그러나 우리는 이스라엘 백성을 가리켜 "목자 없는 양과 같다"고 하신 주님의 말씀을 기억할 필요가 있다(마 9:36). 이 생생한 비유의 말씀을 들을 때 머릿속에 무슨 생각이 떠오르는가? 아마도 양 떼가 들판 이곳저곳에 무리지어 흩어져 있는 모습이 생각날 것이다. 목자가 없으면 양들은 뿔뿔이 흩어져 목적 없이 방황한다. 이것이 무슨 의미일까? 예수님의 말씀은 이스라엘 백성을 인도할 경건한 지도자가 없다는 의미였다.

교회의 역사를 돌아보면 항상 하나님의 백성을 이끌어줄 지도자들이 필요했다는 것을 알 수 있다. 세상이 타락할 대로 타락했을 때 노아는 작은 무리를 홍수에서 구원했다. 7년 동안 기근이 발생해 죽음 외에는 다른 길이 없어 보일 때 요셉은 애굽의 백성들과 야곱의 가족들에게 살길을 열어주었다. 이스라엘 백성이 불순종을 일삼을 때 하나님은 사사들을 세우셨다. 초기 교회 당시에 아리우스와 그의 추종자들이 세력을 떨칠 때 알렉산드리아 출신의 한 집사가 나서서 주님의 신성을 옹호했다. 사람들이 "아타나시우스여, 온 세상이 당신을 대적하고 있소."라고 말하자 그는 "그렇다면 아타나시우스가 온 세상을 대적하겠소."라고 말했다. 교회는 그때도 지도자가 필요했고, 지금도 지도자가 필요하다. 우리는 지도자의 인도를 받아야 한다. 우리의 교회는 지도자를 필요로 한다. 어쩌면 하나님이 우리를 지도자로 부르고 계시는지도 모른다.

지금까지 우리는 질서가 잘 갖춰진 생기 넘치는 교회가 어떤 교회인지를 보여주는 기본 원리들을 몇 가지 제시했다. 우리는 처음에 제기했던 논제, 곧 교회의 통치구조의 필요성을 다시 언급함으로써 이 책을 마무리하고 싶다. 교회의 통치구조에 대한 바른 이해는, 자신의 소명 안에서 소생되기 위한 시간과 공간을 확보할 필요가 있는 기존의 지도자에게 필요하며, 지도자가 되기를 사모하는 사람이나(딤전 3:1) 미래의 지도자로 인정받는 사람에게 필요하며, 또 교회의 통치구조를 진지하게 받아들여 모든 교인이 지도자들을 위해 기도해야 할 이유와 방법을 이해하기 원하는 새 신자에게도 필요하기 때문이다. 우리는 출애굽기 18장 13-17절에 근거해 그런 사람들에게 격려와 권고의 말을 전하고 싶다. 우리는 모세 당시에 하나님을 영화롭게 하는 교회의 통치구조를 다루고 있는 이 성경 본문을 주의 깊게 읽고, 그것을 우리에게 적용할 방법을 찾아야 할 필요가 있다.

하나님을 영화롭게 하는 통치구조가 이스라엘 백성에게 필요했다(13-16절)

이스라엘 백성이 애굽에서 나왔을 때 "유아 외에 보행하는 장정이 육십만 가량 되었다"(출 12:37). 이것은 광야로 나온 총인구가 대략 2백 5십만 명에 달했다는 뜻이다. 그렇게 많은 백성을 이끌 통치구조를 갖추는 것은 참으로 엄청난 일이 아닐 수 없었다. 부패한 본성을 지닌 죄인들이 그렇게 많다 보니 곧바로 그들을 돌봐야 하는 목회적 필요가 발생하기 시작했다. 하나님의 백성은 애굽에서 나온 지 세 달도 채 못되어 하나님을 영화롭게 하는 통치구조를 구축해야 하는 긴급한 상황에 직면했다(출 19:1 참조).

이스라엘 백성의 필요가 얼마나 컸는지는 본문에 언급된 두 가지 사실을 통해 분명하게 알 수 있다. 첫째, 이스라엘 백성은 줄지어 서서 자신들의 필요를 호소했다. 모세의 기록에 따르면 "백성은 아침부터 저녁까지 모세 곁에 서 있었다"(출 18:13). 이드로는 그런 상황을 보고 "어찌하여…백성은 아침부터 저녁까지 네 곁에 서 있느냐"(출 18:14)라고 말했다. 둘째, 백성들은 묻기 위해 서 있었다. 그들이 와서 서 있는 이유는 목적(하나님이 자신들의 필요에 관해 어떻게 말씀하시는지를 듣기 원함)이 있었기 때문이다. "백성이 하나님께 물으려고 내게로 옴이라"(출 18:15)라는 모세의 말이 이 점을 분명하게 보여준다.

하나님을 영화롭게 하는 통치구조는
기존의 지도자들을 위해 필요하다(17, 18절)

모세는 별로 달갑지 않은 딜레마 속에서 두 가지 필요를 놓고 그 사이에서 갈등했다. "교인들의 필요를 채워줄 것인가, 나의 필요를 채울 것인가?" 이런 문제는 교회의 직분자라면 누구나 겪는 딜레마다.

모세는 자기에게 필요한 것이 무엇인지 알지 못했다. 그러나 하나님의 은혜로 "모세의 장인이 그에게…네가 하는 것이 옳지 못하도다 너와 또 너와 함께 한 이 백성이 필경 기력이 쇠하리니 이 일이 네게 너무 중함이라 네가 혼자 할 수 없으리라"라고 조언했다(출 18:17, 18). 모세는 도움이 필요했다. 그는 그 일을 혼자 할 수 없었다. 그는 초인이 아니었다. 마치 우리 주위에서 흔히 듣게 되는 누군가의 이야기처럼 들린다. 이드로의 조언은 계속되었다.

"이제 내 말을 들으라 내가 네게 방침을 가르치리니 하나님이 너와 함께 계실지로다 너는 하나님 앞에서 그 백성을 위하여 그 사건들을 하나님께 가져오며 그들에게 율례와 법도를 가르쳐서 마땅히 갈 길과 할 일을 그들에게 보이고"(출 18:19, 20).

이스라엘의 지도자인 모세는 충실한 말씀의 사역자가 되기 위해 충분한 휴식, 곧 말씀을 읽고, 묵상하고, 하나님의 이름으로 말할 준비를 갖출 시간이 필요했다.

하나님을 영화롭게 하는 통치구조는
새로운 지도자들을 위해 필요하다 (21-23절)

말씀 사역자인 모세는 거의 심신고갈 상태에 직면했고(이것은 모든 사역자가 겪는 경험이다), 백성들은 사역자와 만날 때를 기다리며 지쳐 갔다. 따라서 이드로는 모세에게 새로운 지도자들의 필요성을 일깨워 주었다. 그는 모세에게 "온 백성 가운데서 능력 있는 사람들"을 찾으라고 권고했다(출 18:21, 딤전 2:1, 2 참조). 그는 "능력 있는 사람"이 어떤 사람을 의미하는지를 세 가지로 나눠 설명했다.

첫째, 새로운 지도자들은 **하나님을 두려워하는 사람**이어야 한다. 하나님을 두려워한다는 것은 그분을 하나님으로 공경하고, 경외한다는 뜻이다. 그것은 하나님의 거룩하심과 우리 자신의 죄를 알고, 그분을 주님으로 인정하고 종이 된다는 의미다. 이것이 잠언이 여호와를 경외하는 것이 지혜의 근본이라고 가르치는 이유다(잠 9:10). 그런 경외심이 없으면 하나님의 지혜보다 우리의 지혜를 신뢰하기 마련이다. 교회의 지도자들은 주님과 그분의 말씀을 신뢰해야 한다.

둘째, 새로운 지도자들은 **신뢰할 만한 사람이어야 한다.** 이것은 그들이 모세의 책임을 나눠 짊어졌기 때문에 그런 책임을 감당하고, 맡겨진 일을 잘할 수 있는 능력을 지녀야 한다는 것을 의미한다. 그들은 "천부장과 백부장과 오십부장과 십부장"이 될 만한 자격이 있어야 한다(출 18:21). 그들의 임무는 막중하다. 그리스도의 이름으로 다스리고, 인도하고, 목양하는 일은 참으로 중차대한 과업이 아닐 수 없다.

셋째, 새로운 지도자들은 **불의한 이익을 미워하는 사람**이어야 한다. 그들은 사람의 즐거움이 아닌 하나님의 즐거움을 추구해야 한다. 그들은 사람보다 하나님을 두려워해야 한다. 그들은 자신들의 취향이나 사사로운 이익을 위해 사람들을 다스리고, 재판하고, 통치하고, 인도해서는 안 된다.

이드로는 새로운 지도자들을 통해 주어질 유익을 언급했다. 그는 "큰 일은 모두 네게 가져갈 것이요 작은 일은 모두 그들이 스스로 재판할 것이니 그리하면 그들이 너와 함께 담당할 것인즉 일이 네게 쉬우리라…네가 이 일을 감당하고 이 모든 백성도 자기 곳으로 평안히 가리라"(출 18:22, 23)라고 말했다.

모든 신자가 영적 필요를 가지고 있다. 직분자들도 영적 필요를 가지고 있다. 때문에, 하나님을 영화롭게 하는 방식으로 교회를 다스릴 새로운 지도자들이 항상 필요한 것이다. 성령께서 새로운 지도자들을 세우고, 기존의 지도자들을 더 능력 있게 해주시기를 기도하겠는가(민 11:29, 행 6:3)? 사역자를 도우라는 하나님의 부르심에 기꺼이 응하겠는가? 장로가 되어 교회를 다스리고, 이끌고, 목양하는 일을 하기 위해 준비하겠는가? 하나님을 두려워하고, 진실하며, 불의한 이익을 싫어한다는 증거를 보여주기 위해 당신의 믿음과 삶을 어떻게 성장시켜 나갈 계획인가? 성경을 열심히 읽겠는가? 교회가 믿는 교리들을 열심히 배우겠는가? 교회가 어떤 통치구조를 갖추고 있는지 알려고 노력하겠는가? 사람들의 필요와 고민을 알기 위해 그들의 삶에 깊은 관심을 기울이겠는가?

교회는 큰 필요를 지니고 있고, 하나님은 해결책을 가지고 계신다. 하나님은 우리와 같은 죄인들을 도구로 사용해 그 해결책이 성과를 거두게 하심으로써 자기 백성이 목자 없는 양과 같이 되지 않도록 이끌어주신다.

마이클 호튼의 후기

이 책은 간과하기 쉬운 책이다. 이 책은 교회론에 관한 학술 논문도 아니고, 비즈니스와 마케팅에 관한 낯익은 "방법론"을 다루고 있지도 않다. 이 책의 저자들은 교회의 정체성과 예배와 조직과 사명에 관한 성경의 가르침을 명확하게 제시할 뿐이다.

이 책의 접근 방식은 최소한 오늘날의 상황에서는 약간 구닥다리처럼 느껴질 수 있다. 아이러니하게도 오늘날 개혁주의를 자처하는 진영 안에서조차 다이어트에서부터 외교 문제에 이르기까지 모든 것을 성경에서 발견할 수 있지만 교회의 사역에 관한 실천적인 내용은 찾아보기 어렵다고 생각하는 사람들이 적지 않다. 하지만 교회의 사역적 권위와 예배와 다양한 직임(목사, 장로, 집사)과 "너희와 저희 자녀와 모든 먼 데 사람"(행 2:39)을 제자화하는 방법에 관해 확실하고, 구체적이고, 규범적인 가르침을 베푸는 성경 구절이 많이 있다. 그러나 미국 복음주의의 역사를 돌아보면 그런 성경의 가르침을 무시한 적이 너무나도 많았던 것을 알 수 있다. 많은 교회가 이 것을 "복음이 아닌 주변 문제"로 생각하고서, 별로 중요하지 않게 취급하고 있다.

내가 이 책을 좋아하는 이유 가운데 하나는 저자들이 이런 상황에서도 묵묵히 자신들이 믿는 것을 말하고 있기 때문이다. 첫째, 저자들은 "내가 너희에게 분부한 모든 것"(마 28:20)이 말 그대로 "모든 것"을 의미한다고 믿는다. 그리스도께서는 왕이시고, 그분이 가르치신 것은 무엇이든 우리와 세상을 유익하게 한다. 둘째, 저자들은 교회의 사역이 "복음 이슈"(gospel issue)라고 믿는다. 신약성경이 가르치는 것이 모두 다 그리스도와 그분의 구원의 은혜를 다루고 있지는 않지만, "구원받음"과 "교회에 소속됨"이 서로 아무런 관련이 없다는 생각은 이단 사상에 해당된다. 이것도 다른 모든 이단 사상과 마찬가지로 단지 이론적인 차원에만 그치지 않고, 매우 실천적인 의미를 지닌다.

육체적인 고통을 당하고 있다고 생각해보자. 의사에게 가서 진찰을 받았더니 암에 걸렸다는 결과가 나왔다. 그 순간 무슨 생각이 가장 먼저 떠오를까? 아마도 대다수 사람은 "의사가 진찰도 하니까, 치료도 의사에게 맡기면 되겠지"라고 생각할 것이 틀림없다. 그렇다면 육체의 건강이 영생보다 더 중요할까? 이 질문에 그렇다고 대답할 그리스도인은 아무도 없을 것이다. 그러면 영생의 문제는 누구에게 맡겨야 할까? 당연히 예수 그리스도께 맡겨야 한다. 예수님은 성부 하나님께로 올라가시기 전에 뭐라고 말씀하셨는가? 그분은

"베드로야, 네가 나를 사랑하느냐?"라고 물으셨다. 그리고 베드로 가 "내가 주님을 사랑하는 줄을 주님께서 아십니다"라고 대답하자 "내 양을 먹이라"라고 말씀하셨다(요 21:17).

예수님이 이 질문을 세 번 물으셨다는 사실(베드로가 예수님을 부인했 던 횟수와 일치한다)은 그분이 교회와 구원을 불가분적인 관계로 여기셨 다는 것을 강조한다. 물론 교회가 아닌 그리스도께서 우리를 구원 하신다. 그러나 그리스도께서는 교회의 사역을 통해 우리를 구원하 신다. 교회의 사역에는 성령의 능력으로 그리스도를 전하는 목사의 사역과 교회를 다스리는 장로의 사역과 교인들의 물리적인 필요를 채워주는 집사의 사역이 포함된다. 승천하신 왕께서는 자신의 삶과 죽음과 부활과 승천을 통해 우리에게 풍성한 은혜를 베푸셨고, 또 오순절 성령 강림과 사도들의 사역을 허락하셨다. 그리스도께서는 그들을 자신의 "사자"로 임명하셨을 뿐 아니라 그들에게 성령의 영 감을 주어 교회를 통해 계속 이어져 나갈 자신의 사역에 대한 규칙 들을 제정하게 하셨다. 이것은 율법주의적인 것이 아니고, 다만 우 리가 단순히 사람의 말이 아닌 성삼위 하나님, 곧 성부와 성자와 성 령의 말씀을 듣고 있다는 사실을 분명하게 상기시켜주는 것이다.

이런 모든 이유 때문에 나는 이 책을 최고로 추천하지 않을 수 없 다. 이 책은 매우 중요한 간극(gap)을 메워준다. 이 책은 저자들이 교 회의 사역에 관한 기존의 위대한 실천적인 책들에 익숙하다는 것을 나타낼 뿐 아니라 이 책 자체로서 "세대에서 세대로 이어지는" 또 하나의 연결고리를 형성하고 있다.

저자들의 의견에 모두 동의하기 어려울 수도 있고, 때로는 그들의 해석이 너무 편협하다는 생각이 들거나, 개혁파 신앙고백이 예배의 방식이나 교회의 조직 방식이나 세례받은 사람과 받지 않은 사람들에 대한 사역 방식에 관하여 성경이 가르치는 것을 지나치게 확대 적용했다는 생각이 들 수도 있겠지만, 그들의 말을 편견 없이 한 번 살펴본다면 이 말세에 교회를 위해 모든 것을 아낌없이 베풀어주시는 주님 안에서 기뻐할 수 있을 것이다.

마이클 호튼

캘리포니아 웨스트민스터 신학교 교수

개혁교회 정치의 기본 원리[1]

1. 교회는 새 언약의 중보자이신 그리스도의 소유다(행 20:28, 엡 5:25-27).

2. 새 언약의 중보자이신 그리스도께서 교회의 머리이시다(엡 1:22, 23, 5:23, 24, 골 1:18).

3. 교회는 그리스도의 소유이고, 그리스도께서 교회의 머리이시기 때문에 교회를 다스리는 원리는 인간의 취향이 아닌 하나님의 계시에 근거한다(마 28:18-20, 골 1:18).

4. 보편 교회는 그리스도와 성경 안에서 영적 일치를 이룬다(마 16:18, 엡 2:20, 딤전 3:15, 요이 1:9).

5. 주님은 세계적이거나 국가적이거나 지역적인 항구적 직임을 교회에 허락하지 않으셨다. 장로(감독)의 직임은 그 권위와 기능이 개별 교회에 국한된다. 개혁교회 정치가 장로 제도에 근거하는

이유는 교회가 광회(broader assembly)가 아닌 장로들에 의해 통치되기 때문이다(행 14:23, 20:17, 딛 1:5).

6. 천상의 머리이신 그리스도께 복종하는 지역 교회는 하늘에서 말씀과 성령으로 다스리시는 그리스도에 의해 통치된다. 교회는 그리스도께서 주신 천국의 열쇠를 가지고 그분의 통치에 복종한다. 교회는 그리스도께 복종하는 다른 교회의 통치에 복종하지 않는다(마 16:19, 행 20:28-32, 딛 1:5).

7. 교회연맹 관계는 교회의 본질에 속하지 않으며 그것들은 교회의 안녕을 섬긴다. 하지만, 비록 교회들은 각자 독자적으로 구분되어 존재하지만 그렇다고 해서 서로 단절되어 존재하지는 않는다. 교회연맹 관계를 맺거나 끊는 것은 매우 자발적인 문제이다(행 15:1-35, 롬 15:25-27, 골 4:16, 딛 1:5, 계 1:11, 20).

8. 교회연맹 관계의 행사는 믿음과 신앙고백의 일치에 근거할 때만 가능하다(고전 10:14-22, 갈 1:6-9, 엡 4:16, 17).

9. 회원 교회들이 한자리에 모이는 목적은 광회(broader assembly)를 통해 많은 조언자의 지혜를 빌려 문제를 상의함으로써 인간의 불완전함을 함께 극복해 나가기 위해서다. 그런 회의의 결정들은 하나님의 말씀에 일치할 때만 그 권위가 인정된다(잠 11:14, 행 15:1-35, 고전 13:9, 10, 딤전 3:16, 17).

10. 교회들은 영적 일치를 나타내기 위해 생각이 같은 다른 교회들과 가능한 한 폭넓게 교류하며 서로 덕을 세우고 세상을 향해 효과적으로 증언해야 한다(요 17:21-23, 엡 4:1-6).

11. 교회는 땅끝까지 복음을 전파함으로써 화목의 사역을 실행하라는 임무를 부여받았다(마 28:19, 20, 행 1:8, 고후 5:18-21).

12. 그리스도께서는 자신이 세우신 직분자들을 통해 교회를 보살피신다(행 6:2, 3, 딤전 3:1, 8, 5:17).

13. 성경은 말씀의 사역자들이 철저한 신학적 훈련을 받도록 독려한다(딤전 4:16, 딤후 2:14-16, 3:14, 4:1-5).

14. 하나님이 선택해 구원하신 백성들로 이루어진 교회는 장로들의 감독 아래 성경이 가르치는 예배의 원리에 따라 하나님을 예배해야 한다(레 10:1-3, 신 12:29-32, 시 95:1, 2, 6, 100:4, 요 4:24, 벧전 2:9).

15. 교회는 진리의 기둥과 터이기 때문에 가르치는 사역을 통해 하나님의 백성들의 믿음을 굳건하게 세워주어야 한다(신 11:19, 엡 4:11-16, 딤전 4:6, 딤후 2:2, 3:16, 17).

16. 교회의 권징은 자기 백성에 대한 하나님의 사랑에 근거한다. 권징은 하나님의 백성들을 바르게 하고 굳세게 할 뿐 아니라 교회의 일치와 순결을 유지함으로써 하나님의 이름이 존귀와 영광을 받게 하는 데 그 목적이 있다(딤전 5:20, 딛 1:13, 히 12:7-11).

17. 권징은 하나님의 자녀라면 누구나 시행해야 할 개인적인 의무이지만 교회에 의한 권징이 필요할 때는 천국의 열쇠를 담당하고 있는 교회의 장로들에 의해 시행되어야 한다(마 18:15-20, 행 20:28, 고전 5:13, 벧전 5:1-3).

참고도서

Wilhelmus à Brakel, *The Christian's Reasonable Service*, trans. Bartel Elshout, ed. Joel R. Beeke, 4 vols. (1992; fourth printing, Grand Rapids: Reformation Heritage Books, 2007). 빌헬무스 아 브라켈, 《그리스도인의 합당한 예배》(지평서원 역간).

Jay Adams, *Competent to Counsel* (Grand Rapids: Zondervan, 1970).

——, *Preaching with Purpose* (Grand Rapids: Zondervan, 1982).

Herman Bavinck, *Reformed Dogmatics: Holy Spirit, Church, and New Creation*, ed. John Bolt, trans. John Vriend, 4 vols. (Grand Rapids: Baker Academic, 2008). 헤르만 바빙크, 《개혁교의학》(부흥과개혁사 역간).

Joel Beeke, *The Family at Church: Listening to Sermons and Attending Prayer Meetings* (Grand Rapids: Reformation Heritage Books, 2008). 조엘 R. 비키, 《조엘 비키의 교회에서의 가정》(개혁된실천사 역간).

Louis Berkhof, *Systematic Theology* (Grand Rapids: Eerdmans, 1976). 루이스 벌코프, 《조직신학》(크리스챤다이제스트 역간).

William Boekestein, "Christian Unity (1): Why Should I Care?" *The Outlook* 60:1 (2010): 8.

——, "Christian Unity (2): Exposing Counterfeit Unity" *The Outlook* 60:2 (2010): 7–9.

——, "Christian Unity (3): How Is This Possible?" *The Outlook* 60:3 (2010): 8.

——, "Christian Unity (4): What Must I Do?" *The Outlook* 60:4 (2010): 6–8.

——, "Christian Unity (5): An Encouraging Example." *The Outlook* 60:5 (2010):

5-7.

——, "How to Grow Spiritually." http://www.ligonier.org/blog/how-grow-spiritually/ (Accessed September 1, 2014).

——, *Life Lessons from a Calloused Christian: A Practical Study of Jonah with Questions* (Carbondale, PA: Covenant Reformed Church, 2009).

——, "Profiting from Preaching: Learning to Truly Hear God" *The Outlook* 64:4 (2014): 22-24.

John Calvin, *Institutes of the Christian Religion*, ed. John T. McNeill, trans. Ford Lewis Battles (Philadelphia: The Westminster Press, 1960).

——, *Letters of John Calvin*, trans. Jules Bonnet (Philadelphia: Presbyterian Board of Publication, 1858).

——, *The Necessity of Reforming the Church*, (Edinburgh: The Edinburgh Printing Co., 1843).

Caleb Cangelosi, "The Church is a Missionary Society, and the Spirit of Missions is the Spirit of the Gospel: The Missional Piety of the Southern Presbyterian Tradition." *Puritan Reformed Theological Journal* 5:1 (January 2013): 189-213.

Deborah Rahn Clemens, "Foundations of German Reformed Worship in the Sixteenth Century Palatinate" (Ph.D. diss., Drew University, 1995).

Brandon Cox, "5 Reasons Why the Church Must Engage the World with Social Media." http://christianmediamagazine.com/social-media-2/5-reasons-why-the-church-must-engage-theworld-with-social-media/ (Accessed February 17, 2014).

James J. De Jonge, "Calvin the Liturgist: How 'Calvinist' Is Your Church's Liturgy?" As found at http://www.reformedworship.org/article/september-1988/calvin-liturgist-how-calvinist-yourchurchs-liturgy (Accessed February 10, 2014).

Peter De Klerk and Richard De Ridder, eds., *Perspectives on the Christian Reformed Church: Studies in Its History, Theology, and Ecumenicity*

(Grand Rapids: Baker Book House, 1983).

Mark Dever, *The Deliberate Church: Building Your Ministry on the Gospel* (Wheaton: Crossway, 2005).

Kevin DeYoung, "A Phrase to Retire." http://thegospelcoalition.org/blogs/kevindeyoung/2011/02/02/a-phrase-to-retire/ (Accessed February 10, 2014).

Ecclesiastical Ordinances in The Register of the Company of Pastors of Geneva in the Time of Calvin, ed. and trans. Philip Edgcumbe Hughes (Grand Rapids: Eerdmans, 1966).

W. Robert Godfrey, "A Reformed Dream." http://www.modernreformation.org/default.php?page=articledisplay&var1=ArtRead&var2=123&var3=authorbio&var4=AutRes&var5=70 (Accessed February 10, 2014).

——, *Pleasing God in Our Worship*, Today's Issues (Wheaton: Crossway Books, 1999).

T. David Gordon, "'Equipping' Ministry in Ephesians 4?" *JETS* 37:1 (March 1994): 69-78.

Wm. Heyns, *Handbook for Elders and Deacons: The Nature and the Duties of the Offices According to the Principles of Reformed Church Polity* (Grand Rapids: Wm. B. Eerdmans Publishing Company, 1928).

Charles Hodge, *What is Presbyterianism*? As found at http://www.pcahistory.org/documents/wip.pdf (Accessed February 10, 2014).

Daniel R. Hyde, "According to the Custom of the Ancient Church? Examining the Roots of John Calvin's Liturgy." *Puritan Reformed Journal* 1:2 (June 2009): 189-211.

——, "From Reformed Dream to Reformed Reality: The Problem and Possibility of Reformed Church Unity." http://theaquilareport.com/from-reformed-dream-to-reformed-realitythe-problem-and-possibility-of-reformed-church-unity/ (Accessed February 10, 2014).

——, *In Living Color: Images of Christ and the Means of Grace* (Grandville:

Reformed Fellowship, 2009).

——, "Lost Keys: The Absolution in Reformed Liturgy." *Calvin Theological Journal* 46:1 (April 2011): 140 –166.

——, "Rulers and Servants: The Nature of and Qualifications for the Offices of Elder and Deacon," in *Called to Serve: Essays for Elders and Deacons*, ed. Michael G. Brown (Grandville: Reformed Fellowship, 2007), 1 –16.

——, *The Nursery of the Holy Spirit: Welcoming Children in Worship* (Eugene, OR: Wipf & Stock, 2014). 대니얼 R. 하이드, 《아이들이 공예배에 참석해야 하는가》(개혁된실천사 역간).

——, *Welcome to a Reformed Church: A Guide for Pilgrims* (Orlando: Reformation Trust Publishing, 2010). 대니얼 R. 하이드, 《개혁교회에 오신 것을 환영합니다》(부흥과개혁사 역간).

Dennis E. Johnson, *The Message of Acts in the History of Redemption* (Phillipsburg: P&R, 1997).

——, "The Peril of Pastors without the Biblical Languages." As found at http://wscal.edu/resource-center/resource/the-peril-of-pastors-without-the-biblical-languages (Accessed July 19, 2014).

Timothy Keller, "Evangelistic Worship." As found at https://theresurgence.com/2011/03/23/evangelistic-worship (Accessed February 15, 2014).

Sean Lucas, *What is Reformed Church Government?* (Phillipsburg, NJ: P&R Publishing, 2009).

Colin Marshall and Tony Payne, *The Trellis and the Vine: The Ministry Mind-shift that Changes Everything* (Kingsford: Matthias Media, 2009).

Will Metzger, *Tell the Truth: The Whole Gospel to the Whole Person by Whole People* (Downer's Grove, IL: Inter-Varsity Press, 1981). 윌 메츠거, 《양보 없는 전도》(생명의말씀사 역간).

T. H. L. Parker, *Calvin's Preaching* (Edinburgh: T&T Clark, 1992).

Perspectives on the Christian Reformed Church: Studies in Its History, Theology, and Ecumenicity, ed. Peter De Klerk and Richard De Ridder

(Grand Rapids: Baker Book House, 1983).

J. I. Packer, *A Quest for Godliness: The Puritan Vision of the Christian Life* (Wheaton: Crossway, 1990).

John Piper and D.A. Carson, *The Pastor as Scholar, and the Scholar as Pastor: Reflections on Life and Ministry* (Wheaton: Crossway, 2011). 존 파이퍼, 돈 카슨 공저,《신학자로서의 목사 목사로서의 신학자》(부흥과개혁사 역간).

Planting, Watering, Growing: Planting Confessionally Reformed Churches in the 21st Century, ed. Daniel R. Hyde and Shane Lems (Grand Rapids: Reformation Heritage Books, 2011).

Randy Pope, *The Prevailing Church* (Chicago: Moody Press, 2002). 랜디 포프,《랜디 포프의 목회 계획》(국제제자훈련원 역간).

Michael Raiter, "The Slow Death of Congregational Singing." As found at http://matthiasmedia.com/briefing/2008/04/the-slowdeath-of-congregational-singing-4/ (Accessed February 10, 2014).

Philip Ryken, *City on a Hill: Reclaiming the Biblical Pattern for the Church in the 21st Century* (Chicago: Moody Publishers, 2003).

J. L. Schaver, *The Polity of the Churches, Volume 1: Concerns All the Churches of Christendom* (Chicago: Church Polity Press, 1947).

——, *The Polity of the Churches, Volume 2: Concerns Reformed Churches; More Particularly, One Denomination* (Chicago: Church Polity Press, third edition 1947).

Donald Sinnema, "The Second Sunday Service in the Early Dutch Tradition," *Calvin Theological Journal* 32 (1997): 298 - 333.

Michael Spotts, "Using Common Media for Church Growth." *Christian Renewal* (May 18, 2011): 25 - 27.

The Reformed Confessions of the 16th and 17th Centuries in English Translation: Volume 1, 1523–1552, ed. James T. Dennison, Jr. (Grand Rapids: Reformation Heritage Books, 2008).

The Reformed Confessions of the 16th and 17th Centuries in English

Translation: Volume 2, 1552–1566, ed. James T. Dennison, Jr. (Grand Rapids: Reformation Heritage Books, 2010).

The Reformed Confessions of the 16th and 17th Centuries in English Translation: Volume 3, 1600–1693, ed. James T. Dennison, Jr. (Grand Rapids: Reformation Heritage Books, 2014).

Paul Tripp, *Age of Opportunity*, (Phillipsburg, NJ: P&R Publishing, 2001). 폴 트립, 《위기의 십대 기회의 십대》(디모데 역간).

United Reformed Churches in North America, "Biblical and Confessional View of Missions." As found at https://www.urcna.org/urcna/ StudyReports/Biblical%20and%20Confessional%20View%20of%20 Missions.pdf (Accessed February 10, 2014).

——, "Church Order of the United Reformed Churches in North America." As found at https://www.urcna.org/sysfiles/site_uploads/custom_public/ custom2520.pdf (Accessed February 10, 2014).

——, "Office of Deacon in the Churches." As found at https://www.urcna.org/ urcna/StudyReports/Office%20of%20Deacon%20in%20the%20Churches. pdf.

Timothy Witmer, *The Shepherd Leader* (Phillipsburg: P&R Publishing, 2010). 티모시 Z. 위트머, 《목자 리더십》(개혁주의신학사 역간).

미주

머리말

1 Accessed on November 14, 2014, from http://www.joshhunt.com/mail23. htm

2 The Large Catechism, in *The Book of Concord: The Confessions of the Evangelical Lutheran Church*, ed. Robert Kolb and Timothy J. Wengert, trans. Charles Arand, Eric Gritsch, Robert Kolb, William Russell, James Schaaf, Jane Strohl, and Timothy J. Wengert (Minneapolis: Fortress Press, 2000), 380.

3 이 원리들은 본서의 틀을 잡는 데 도움을 주며 부록에서 찾아볼 수 있다. 우리가 목회하는 교회가 소속된 교회연맹에서는 이 원리들을 받아들이고 있다.

4 For a basic description of the classic types of church government (congregational, episcopal, presbyterial), see William Heyns, *Handbook for Elders and Deacons: The Nature and the Duties of the Offices According to the Principles of Reformed Church Polity* (Grand Rapids: William B. Eerdmans Publishing Company, 1928), 32–34; J. L. Schaver, *The Polity of the Churches, Volume 1: Concerns All the Churches of Christendom* (Chicago: Church Polity Press, 1947), 21–63.

1장

1 다음 페이지에 나오는 개인적인 언급은 대니얼 하이드에게 해당함: 19, 49, 65, 79, 83, 95, 109, 122, 137, 151, 166. 다음 페이지는 윌리엄 보에케스타인에게 해당함: 56, 89, 102.

2 *The Reformed Confessions of the 16th and 17th Centuries in English Translation: Volume 2, 1552–1566*, ed. James T. Dennison, Jr. (Grand Rapids: Reformation Heritage Books, 2010), 441.

3 *Reformed Confessions: Volume 2*, 771.

4 From the hymn, "The Church's One Foundation," in *Psalter Hymnal* (Grand Rapids: Board of Publications of the Christian Reformed Church, 1976), #398:1.

5 Philip Ryken, *City on a Hill: Reclaiming the Biblical Pattern for the Church in the 21st Century* (Chicago: Moody Publishers, 2003), 97.

6 Walter Bauer, *A Greek-English Lexicon of the New Testament*, trans. William F. Arndt and F. Wilbur Gingrich, revised F. Wilbur Gingrich and Frederick W. Danker (Chicago: University of Chicago, 1979), 430.

7 *The Reformed Confessions of the 16th and 17th Centuries in English Translation: Volume 1, 1523–1552*, ed. James T. Dennison, Jr. (Grand Rapids: Reformation Heritage Books, 2008), 41.

8 Kevin DeYoung, "A Phrase to Retire." http://thegospelcoalition.org/blogs/kevindeyoung/2011/02/02/a-phrase-to-retire/ (Accessed February 10, 2014).

9 See William Boekestein's "Christian Unity (1): Why Should I Care?" *The Outlook* 60:1 (2010): 8; "Christian Unity (2): Exposing Counterfeit Unity" *The Outlook* 60:2 (2010): 7–9; "Christian Unity (3): How Is This Possible?" *The Outlook* 60:3 (2010): 8; "Christian Unity (4): What Must I Do?" *The Outlook* 60:4 (2010): 6–8; "Christian Unity (5): An Encouraging Example." The Outlook 60:5 (2010): 5–7.

10 *Reformed Confessions: Volume 2*, 440.

11 For a classic Protestant explanation of this passage, see John Calvin, Institutes of the Christian Religion, ed. John T. McNeill, trans. Ford Lewis Battles (Philadelphia: The Westminster Press, 1960), 4.6.1−7; John Calvin, Commentary on a Harmony of the Evangelists, Matthew, Mark and Luke: Volume Second, trans. William Pringle, Calvin's Commentaries, 22 vols. (reprinted, Grand Rapids: Baker Book House, 1996), 16:286−298.

12 Dennis E. Johnson, The Message of Acts in the History of Redemption (Phillipsburg: P&R, 1997), 1.

2장

1 For more on this definition, see Heyns, *Handbook for Elders and Deacons*, 19−20.

2 Louis Berkhof, *Systematic Theology* (Grand Rapids: Eerdmans, 1976), 581. See also Heyns, *Handbook for Elders and Deacons*, 31−32; Schaver, *The Polity of the Churches, Volume 1*, 69−72.

3 *Reformed Confessions: Volume 2*, 443.

4 *Berkhof, Systematic Theology*, 583.

5 *Reformed Confessions: Volume 2*, 442.

6 Mark Dever, *The Deliberate Church: Building Your Ministry on the Gospel* (Wheaton: Crossway, 2005), 131.

7 Chuck Smith, *The Philosophy of Ministry of Calvary Chapel* (Diamond Bar: Logos Media Group, 1992).

8 See Daniel R. Hyde, "Rulers and Servants: The Nature of and Qualifications for the Offices of Elder and Deacon," in *Called to Serve: Essays for Elders and Deacons*, ed. Michael G. Brown (Grandville: Reformed Fellowship, 2007), 1−16.

9 Geoffrey W. Bromily, ed., "oikonomos," in *Theological Dictionary of the New Testament* (Grand Rapids: Eerdmans, 1979), 5:150.

10 Quoted from Rieker in Heyns, *Handbook for Elders and Deacons*, 17 – 18.

11 John Calvin, *Commentary on a Harmony of the Evangelists, Matthew, Mark, and Luke*, trans. William Pringle, ed. Henry Beveridge, Calvin's Commentaries, 22 vols., (Grand Rapids: Baker, reprinted 1996), Luke 10:16

12 Mark Driscoll, *Confessions of a Reformission Rev.: Hard Lessons from an Emerging Missional Church* (Grand Rapids: Zondervan, 2006), 104 – 106.

13 Timothy Keller, "Evangelistic Worship." http://download.redeemer.com/pdf/learn/resources/Evangelistic_Worship-Keller.pdf (Accessed November 14, 2014).

3장

1 *Reformed Confessions: Volume 2*, 443.

2 헬라어 "케이로토네오"는 "거수하여 선택하다, 선출하다"라는 뜻으로 보통 사용된다. Bauer, *A Greek-English Lexicon of the New Testament*, 881. See also John Calvin, *Commentary upon the Acts of the Apostles*, trans. Christopher Fetherstone, ed. Henry Beveridge, Calvin's Commentaries, 22 vols., (Grand Rapids: Baker, reprinted 1996), 19:27 – 28.

3 *Psalter Hymnal*, 168.

4 *Psalter Hymnal*, 176.

5 Ryken, *City on a Hill*, 102.

6 Berkhof, *Systematic Theology*, 586.

7 Thomas R. Schreiner, *1, 2 Peter, Jude*, The New American Commentary (Nashville, TN: Broadman & Holman Publishers, 2003), 232.

8 Heyns, *Handbook for Elders and Deacons*, 295.

9 On the analogical relationship between the Old and New Testament offices of priest/deacon, king/elder, and prophet/minister, see Daniel

R. Hyde, "Rulers and Servants: The Nature of and Qualifications for the Offices of Elder and Deacon," in *Called to Serve: Essays for Elders and Deacons*, ed. Michael G. Brown (Grandville: Reformed Fellowship, 2007), 1–16.

10 *Psalter Hymnal*, 173.

11 Heyns, *Handbook for Elders and Deacons*, 301.

12 Cf. Heyns, *Handbook for Elders and Deacons*, 296.

13 Sean Lucas, *What is Reformed Church Government?* (Phillipsburg, NJ: P&R Publishing, 2009), 22. On the diaconate, see "Office of Deacon in the Churches," at https://www.urcna.org/urcna/StudyReports/Office%20 of%20Deacon%20in%20the%20Churches.pdf

14 Mark Driscoll, *Confessions of a Reformission Rev.: Hard Lessons from an Emerging Missional Church* (Grand Rapids: Zondervan, 2006), 105.

15 Church Order of the United Reformed Churches in North America, arts, 1, 14, 15. https://www.urcna.org/sysfiles/member/custom/file_retrieve.cfm? memberid=1651&customid=23868 (Accessed February 10, 2014).

16 *Reformed Confessions: Volume 2*, 443.

17 *Psalter Hymnal*, 167–168.

18 *Psalter Hymnal*, 177.

4장

1 "Now Israel May Say," in *Psalter Hymnal*, 266:1.

2 Herman Bavinck, *Reformed Dogmatics: Holy Spirit, Church, and New Creation*, ed. John Bolt, trans. John Vriend, 4 vols. (Grand Rapids: Baker Academic, 2008), 4:374.

3 "Denomination," in *Concise Oxford English Dictionary* (1911; Oxford: Oxford University Press, Twelfth edition, 2011), 383.

4 For more on this, see Heyns, *Handbook for Elders and Deacons*, 41–48.

5 이 점에 대해서는 우리에게 매우 사려 깊은 의견을 제시해 준 테오도르 반 라올트 박사에게 힘입은 바 크다.

6 Lucas, *What is Reformed Church Government?*, 19.

7 Schaver, *The Polity of the Churches, Volume 1*, 59-60.

8 See Charles Hodge, *What is Presbyterianism?* http://www.pcahistory.org/documents/wip.pdf (Accessed February 10, 2014).

9 See the "connectional" principle in Lucas, *What is Reformed Church Government?* 26.

10 See Schaver, *The Polity of the Churches, Volume 1*, 83.

11 Schaver, *The Polity of the Churches, Volume 1*, 81.

12 Church Order of the United Reformed Churches in North America, art. 27.

13 J. L. Schaver, *The Polity of the Churches, Volume 2: Concerns Reformed Churches; More Particularly, One Denomination* (Chicago: Church Polity Press, third edition 1947), 107.

5장

1 Berkhof, *Systematic Theology*, 566.

2 "북미연합개혁교회(URCNA)"의 교회 헌법은 "교회들은 교회연맹에 소속되지는 않았더라도 '하나 되는 세 고백서'(벨직 신앙고백, 도르트 신조, 하이델베르크 요리문답을 통칭하는 용어-역자주)에 요약된 참 교회의 표징을 지닌, 성경에 충실한 다른 개혁교회들과 일치적 관계를 추구해야 한다."라고 명시했다(34조).

3 *Letters of John Calvin*, translated Jules Bonnet (Philadelphia: Presbyterian Board of Publication, 1858), 2:348.

4 John Calvin, *Institutes of the Christian Religion* (Grand Rapids: Eerdmans, 1962), 4.2.1.

5 〈2차 스위스 신앙고백〉에서도 동일한 내용이 발견된다(17장). 루이스 벌코프는 참 교회와 거짓 교회의 표징을 분명하게 명시한 것이 종교개혁 시대에 이루어진

혁신적인 성과 가운데 하나라고 지적했다. 16세기에 교회가 분열되었기 때문에 로마 가톨릭교회와 당시에 새롭게 출현한 다양한 이단 종파들로부터 참 교회를 구별하는 것이 필요했다. *Systematic Theology*, 576.

6 *Reformed Confessions: Volume 2*, 442.

7 On the issue of the sixteenth-century distinction between "true" and "false" churches, see Daniel R. Hyde, *With Heart and Mouth: An Exposition of the Belgic Confession* (Grandville, MI: Reformed Fellowship, Inc., 2008), 389–401.

8 *Reformed Confessions: Volume 2*, 849, 850.

9 Part of the membership requirement for the North American Presbyterian and Reformed Council. www.naparc.org (Accessed February 10, 2014).

10 *Reformed Confessions: Volume 2*, 850.

11 "북미 개혁장로교단 협의회(NAPARC)"의 설립은 16세기에 칼빈이 보여준 '동심원적' 교회 일치 유형, 곧 교리와 정치 체제가 가장 가까운 교회들과 먼저 협의하고, 그런 다음에 멀리 떨어진 교회들로 차츰 폭을 넓혀 가는 일치 형식을 예시하는 좋은 사례다. *Perspectives on the Christian Reformed Church: Studies in Its History, Theology, and Ecumenicity*, ed. Peter De Klerk and Richard De Ridder (Grand Rapids: Baker Book House, 1983), 267.

12 Calvin, *Institutes*, 4.2.1.

13 *Reformed Confessions: Volume 2*, 850.

14 바울은 나중에 바나바를 동료로 언급했고(고전 9:6), 요한 마가를 유익하고, 사랑받는 동역자로 일컬었다(골 4:10, 몬 1:24, 딤후 4:11).

6장

1 *Reformed Confessions: Volume 2*, 777.

2 Ryken, *City on a Hill*, 25.

3 For example, see Dennis E. Johnson, "The Peril of Pastors without the Biblical Languages." As found at http://wscal.edu/resource-center/

resource/the-peril-of-pastors-without-the-biblical-languages (Accessed July 19, 2014).

4 See John Piper and D.A. Carson's, *The Pastor as Scholar, and the Scholar as Pastor: Reflections on Life and Ministry* (Wheaton: Crossway, 2011).

5 For the Lord's Day schedule in the Reformation, see the following: in Heidelberg, Deborah Rahn Clemens, "Foundations of German Reformed Worship in the Sixteenth Century Palatinate" (Ph.D. diss., Drew University, 1995), 197 – 200, 223 – 258; in Geneva, T. H. L. Parker, Calvin's Preaching (Edinburgh: T&T Clark, 1992), 59, cf. *Ecclesiastical Ordinances in The Register of the Company of Pastors of Geneva in the Time of Calvin*, ed. and trans. Philip Edgcumbe Hughes (Grand Rapids: Eerdmans, 1966), 40; in the Netherlands, see Donald Sinnema, "The Second Sunday Service in the Early Dutch Tradition," *Calvin Theological Journal 32* (1997): 298 – 333.

6 *Reformed Confessions: Volume 2*, 793 – 794.

7 J. I. Packer, *A Quest for Godliness: The Puritan Vision of the Christian Life* (Wheaton: Crossway, 1990), 221.

8 Cited in Lucas, *What is Church Government?*, 16.

9 For a contrary interpretation of this text, see T. David Gordon, "'Equipping' Ministry in Ephesians 4?" *JETS* 37:1 (March 1994): 69 – 78) An excellent resource helping church leaders focus on their task as equippers is Colin Marshall and Tony Payne, *The Trellis and the Vine: The Ministry Mindshift that Changes Everything* (Kingsford: Matthias Media, 2009).

10 A. W. Tozer, *Of God and Men: Cultivating the Divine Human Relationship* (Camp Hill, PA: WingSpread Publishers, 2010), 23.

11 *Psalter Hymnal*, 132.

12 *Psalter Hymnal*, 132 – 133.

13 See Joel Beeke, *The Family at Church: Listening to Sermons and Attending Prayer Meetings* (Grand Rapids: Reformation Heritage Books, 2008), which offers practical and biblical guidance toward being a

learning family in a teaching church.

14 For much practical help in this area see Jay Adams, *Preaching with Purpose* (Grand Rapids: Zondervan, 1982).

7장

1 Wilhelmus à Brakel, *The Christian's Reasonable Service*, trans. Bartel Elshout, ed. Joel R. Beeke, 4 vols. (1992; fourth printing, Grand Rapids: Reformation Heritage Books, 2007). 1:250.

2 *The Reformed Confessions of the 16th and 17th Centuries in English Translation: Volume 3*, 1600 – 1693, ed. James T. Dennison, Jr. (Grand Rapids: Reformation Heritage Books, 2014), 124.

3 Calvin, *Commentary* on 1 Peter 2:9.

4 John Calvin, *The Necessity of Reforming the Church*, (Edinburgh: The Edinburgh Printing Co., 1843), 8.

5 Robert Rayburn, "Worship in the Reformed Church." *Presbyterion* 6, no. 1 (Spring 1980): 18.

6 On this, see Daniel R. Hyde, *In Living Color: Images of Christ and the Means of Grace* (Grandville: Reformed Fellowship, 2009).

7 *Institutes*, 1.12.1

8 *Commentary* on John 4:20.

9 *Commentary* on John 4:22.

10 W. Robert Godfrey, *Pleasing God in Our Worship*, Today's Issues (Wheaton: Crossway Books, 1999), 27.

11 Godfrey, *Pleasing God in Our Worship*, 28.

12 John Calvin, *Commentary on the Gospel According to John: Volume First*, trans. William Pringle, ed. Henry Beveridge, Calvin's Commentaries, 22 vols. (Grand Rapids: Baker, reprinted 1989), 4:161.

13 John Calvin, *Commentary on A Harmony of the Evangelists, Matthew, Mark, and Luke*, trans. William Pringle, ed. Henry Beveridge, Calvin's Commentaries, 22 vols., (Grand Rapids: Baker, reprinted 1989), Matthew 15:8.

14 "Collect for Purity," *Book of Common Prayer* (1662).

15 R. C. Sproul, *Chosen by God* (Wheaton: Tyndale House Publishers, 1986), 213.

8장

1 On children in worship, see Daniel R. Hyde, *The Nursery of the Holy Spirit: Welcoming Children in Worship* (Eugene, OR: Wipf & Stock, 2014).

2 See James J. De Jonge, "Calvin the Liturgist: How 'Calvinist' Is Your Church's Liturgy?" http://www.reformedworship.org/article/september-1988/calvin-liturgist-how-calvinist-your-churchs-liturgy (Accessed February 10, 2014); Daniel R. Hyde, "According to the Custom of the Ancient Church? Examining the Roots of John Calvin's Liturgy." *Puritan Reformed Journal* 1:2 (June 2009): 189–211.

3 From the "Directory for Worship" of the Reformed Church in America. https://www.rca.org/page.aspx?pid=1864 (Accessed February 10, 2014).

4 On the historic Reformed practice of "absolution," see Daniel R Hyde, "Lost Keys: The Absolution in Reformed Liturgy." *Calvin Theological Journal* 46:1 (April 2011): 140–166.

5 *The Creeds of Christendom*, ed. Philip Schaff, revised David S. Schaff, 3 vols. (1931; repr., Grand Rapids: Baker Books, 1996), 3:832.

6 See Joyce Borger, "A Delicate Balance." http://www.reformedworship.org/article/june-2011/delicate-balance (Accessed February 10, 2014).

7 Michael Raiter, "The Slow Death of Congregational Singing." http://matthiasmedia.com/briefing/2008/04/the-slow-death-of-

congregationalsinging-4/ (Accessed February 10, 2014).

8 The Collect from the Second Sunday in Advent, *Book of Common Prayer*.

9장

1 Dave Hunt, *What Love Is This? Calvinism's Misrepresentation of God* (Sisters, OR: Loyal, 2002), 29.

2 ˙ This chapter draws heavily from a study committee report entitled "Biblical and Confessional View of Missions" (hereafter, BCVM) and is available online: https://www.urcna.org/urcna/StudyReports/Biblical%20and%20 Confessional%20View%20of%20Missions.pdf (Accessed February 10, 2014).

3 *BCVM*, 1.

4 *Reformed Confessions: Volume 3*, 131.

5 *BCVM*, 4.

6 *Reformed Confessions: Volume 2*, 789.

7 On this, see Caleb Cangelosi, "The Church is a Missionary Society, and the Spirit of Missions is the Spirit of the Gospel: The Missional Piety of the Southern Presbyterian Tradition." *Puritan Reformed Theological Journal* 5:1 (January 2013): 189–213.

8 See William Boekestein, *Life Lessons from a Calloused Christian: A Practical Study of Jonah with Questions* (Carbondale, PA: Covenant Reformed Church, 2009).

9 Cited in Ryken, *City on a Hill*, 127.

10장

1 Randy Pope, *The Prevailing Church* (Chicago: Moody Press, 2002), 20, 21.

2 John G. Van Dyke, "Calvinism and the Evangelization of America," in

God-Centered Living: Or Calvinism in Action (Grant Rapids: Baker Book House, 1951), 72; cf. Berkhof, *Systematic Theology*, 567.

3 C. Peter Wagner, *Strategies for Church Growth* (Ventura, Calif.: Regal, 1987), 168-169.

4 안수는 유대감의 표시 외에도 "법에 따라 엄숙히 성별해 봉헌한다는 의미"를 지니며, 오늘날에도 여전히 "질서와 예법에 부합하는 의식"이다. John Calvin, *Commentary upon the Acts of the Apostles*, trans. Christopher Fetherstone, ed. Henry Beveridge, Calvin's Commentaries, 22 vols., (Grand Rapids: Baker, reprinted 1996), 6:6.

5 On the task of church planting, see *Planting, Watering, Growing: Planting Confessionally Reformed Churches in the 21st Century*, ed. Daniel R. Hyde and Shane Lems (Grand Rapids: Reformation Heritage Books, 2011).

6 Listen to William Boekestein's "Developing a Plan for Outreach." http://www.sermonaudio.com/sermoninfo.asp?SID=1024131332313 (Accessed September 1, 2014).

7 On this see Michael Spotts, "Using Common Media for Church Growth." Christian Renewal (May 18, 2011): 25 - 27. David Murray has given a helpful lecture outlining a positive approach to a congregational engagement of social media. http://www.sermonaudio.com/sermoninfo.asp?SID=722131655337 (Accessed on February 17, 2014). See also Brandon Cox's, "5 Reasons Why the Church Must Engage the World with Social Media." http://christianmediamagazine.com/social-media-2/5-reasons-whythe-church-must-engage-the-world-with-social-media/ (Accessed February 17, 2014).

8 See Timothy Witmer's *The Shepherd Leader* (Phillipsburg: P&R Publishing, 2010), 이 책에서 그는 교구 심방의 풍성한 개혁과 유산을 묘사한다. 예를 들어 토머스 챌머스는 "그의 교구에 속한 각각의 가정들을 개인적으로 심방했다. '그 교구인의 수는 정확히 얼마인지 알려지지 않았지만, 1만 1천 명에서 1만 2천 명 사

이가 되는 것으로 사료된다'"(65).

9 One such resource is Daniel R. Hyde, *Welcome to a Reformed Church: A Guide for Pilgrims* (Orlando: Reformation Trust Publishing, 2010).

10 One of the best is Will Metzger's *Tell the Truth: The Whole Gospel to the Whole Person by Whole People* (Downer's Grove, IL: Inter-Varsity Press, 1981).

11 베드로전서에서 "포보스"(*phobos*)는 하나님(1:17; 2:17; 3:2; 3:14)과 인간(2:18; 3:2; 3:6)에 대해 언급할 때 사용되었다. 반면에 "프라우테스"(*prautés*)는 아내의 온유함(3:4)을 언급할 때만 사용되었다.

12 Alissa Wilkinson, "The Facebook Market." http://www.worldmag.com/2011/04/the_facebook_market (Accessed February 10, 2014).

11장

1 *Reformed Confessions: Volume 2*, 776.

2 Berkhof, *Systematic Theology*, 601.

3 Jay Adams, *Competent to Counsel* (Grand Rapids: Zondervan, 1970), 42. 바울이 이 구절들에서 사용한 용어들 가운데 하나(누데테오, *noutheteō*)가 상담 운동(권면적 상담)의 새로운 발판이 되었다. 이 상담 방식은 세밀하게 다듬어지면서 더욱 유용한 효과를 나타냈던 것으로 보인다.

4 "Public Profession of Faith: Form 1," in *Psalter Hymnal*, 132.

5 Berkhof, *Systematic Theology*, 599.

부록

1 These principles are appended to the *Church Order of the United Reformed Churches of North America (URCNA)* and may be found online at http://urcna.org/sysfiles/member/custom/file_retrieve.cfm?memberid

=1651&customid=23868. While these are peculiar to the churches in our own tradition, we believe they apply across the church landscape.

개혁된 실천 시리즈 ─────────

1. 조엘 비키의 교회에서의 가정
설교 듣기와 기도 모임의 개혁된 실천
조엘 비키 지음 | 유정희 옮김

이 책은 가정생활의 두 가지 중요한 영역에 대한 실제적 지침을 포함하고 있다. 첫째, 공예배를 위해 가족들을 어떻게 준비시켜야 하는지, 설교 말씀을 어떻게 받아야 하는지, 그 말씀을 어떻게 실천해야 하는지 설명한다. 둘째, 기도 모임이 교회의 부흥과 얼마나 관련이 깊은지 역사적으로 고찰하면서, 기도 모임의 성경적 근거를 제시하고, 그 목적을 설명하며, 나아가 바람직한 실행 방법을 설명한다.

2. 존 오웬의 그리스도인의 교제 의무
그리스도인의 교제의 개혁된 실천
존 오웬 지음 | 김태곤 옮김

이 책은 그리스도인 상호 간의 교제에 대해 청교도 신학자이자 목회자였던 존 오웬이 저술한 매우 실천적인 책으로서, 이 책에서 우리는 청교도들이 그리스도인의 교제를 얼마나 중시했는지 엿볼 수 있다. 이 책은 그리스도인의 교제에 대한 핵심 원칙들을 담고 있다. 교회 안의 그룹 성경공부에 적합하도록 각 장 뒤에는 토의할 문제들이 부가되어 있다.

3. 개혁교회의 가정 심방
가정 심방의 개혁된 실천
피터 데 용 지음 | 조계광 옮김

목양은 각 멤버의 영적 상태를 개별적으로 확인하고 권면하고 돌보는 일을 포함한다. 이를 위해 교회는 역사적으로 가정 심방을 실시하였다. 이 책은 외국 개혁교회에서 꽃피웠던 가정 심방의 실제 모습을 보여주며, 한국 교회 안에서 행해지는 가정 심방의 개선점을 시사해준다.

4. 네덜란드 개혁교회의 자녀양육
자녀양육의 개혁된 실천
야코부스 꿀만 지음 | 유정희 옮김

이 책에서 우리는 17세기 네덜란드 개혁교회 배경에서 나온 자녀양육법을 살펴볼 수 있다. 경건한 17세기 목사인 야코부스 꿀만은 자녀양육과 관련된 당시의 지혜를 한데 모아서 구체적인 282개 지침으로 꾸며 놓았다. 부모들이 이 지침들을 읽고 실천하면 큰 도움을 받을 수 있게 하였다. 의도는 선하더라도 방법을 모르면 결과를 낼 수 없다. 우리 그리스도인 부모들은 구체적인 자녀양육 방법을 배우고 실천해야 한다.

5. 신규 목회자 핸드북
제이슨 헬로포울로스 지음 | 리곤 던컨 서문 | 김태곤 옮김

이 책은 새로 목회자가 된 사람을 향한 주옥같은 48가지 조언을 담고 있다. 리곤 던컨, 케빈 드영, 앨버트 몰러, 알리스테어 베그, 팀 챌리스 등이 이 책에 대해 극찬하였다. 이 책은 읽기 쉽고 매우 실천적이며 유익하다.

6. 신약 시대 신자가 왜 금식을 해야 하는가
금식의 개혁된 실천
대니얼 R. 하이드 지음 | 김태곤 옮김

금식은 과거 구약 시대에 국한된, 우리와 상관없는 실천사항인가? 신약 시대 신자가 정기적인 금식을 의무적으로 행해야 하는가? 자유롭게 금식할 수 있는가? 금식의 목적은 무엇인가? 이 책은 이런 여러 질문에 답하면서, 이 복된 실천사항을 성경대로 회복할 것을 촉구한다.

7. 개혁교회 공예배
공예배의 개혁된 실천
대니얼 R. 하이드 지음 | 이선숙 옮김

많은 신자들이 평생 수백 번, 수천 번의 공예배를 드리지만 정작 예배에 대해서 제대로 이해하지 못하는 경우가 많다. 당신은 예배가 왜 지금과 같은 구조와 순서로 되어 있는지 이해하고 예배하는가? 신앙고백은 왜 하는지, 목회자가 왜 대표로 기도하는지, 말씀은 왜 읽는지, 축도는 왜 하는지 이해하고 참여하는가? 이 책은 분량은 많지 않지만 공예배의 핵심 사항들에 대하여 알기 쉽게 알려준다.

8. 아이들이 공예배에 참석해야 하는가
아이들의 예배 참석의 개혁된 실천
대니얼 R. 하이드 지음 | 유정희 옮김

아이들만의 예배가 성경적인가? 아니면 아이들도 어른들의 공예배에 참석해야 하는가? 성경은 이에 대해 무엇을 말하는가? 아이들의 공예배 참석은 어떤 유익이 있으며 실천적인 면에서 주의할 점은 무엇인가? 이 책은 아이들의 공예배 참석 문제에 대해 성경을 토대로 돌아보게 한다.

9. 마음을 위한 하나님의 전투 계획
청교도가 실천한 성경적 묵상
데이비드 색스톤 지음 | 조엘 비키 서문 | 조계광 옮김

묵상하지 않으면 경건한 삶을 살 수 없다. 우리 시대에 일어나고 있는 일이 바로 이것이다. 오늘날은 명상에 대한 반감으로 묵상조차 거부한다. 그러면 무엇이 잘못된 명상이고 무엇이 성경적 묵상인가? 저자는 방대한 청교도 문헌을 조사하여 청교도들이 실천한 묵상을 정리하여 제시하면서, 성경적 묵상이란 무엇이고, 왜 묵상을 해야 하며, 어떻게 구체적으로 묵상을 실천하는지 알려준다. 우리는 다시금 이 필수적인 실천사항으로 돌아가야 한다.

10. 장로와 그의 사역
장로 직분의 개혁된 실천
데이비드 딕슨 지음 | 김태곤 옮김

장로는 무슨 일을 하는 사람인가? 스코틀랜드 개혁교회 장로에게서 장로의 일에 대한 조언을 듣자. 이 책은 장로의 사역에 대한 지침서인 동시에 남을 섬기는 삶의 모델을 보여주는 책이다. 이 책 안에는 비단 장로뿐만 아니라 모든 그리스도인이 본받아야 할, 섬기는 삶의 아름다운 모델이 담겨 있다. 이 책은 따뜻하고 영감을 주는 책이다.

11. 북미 개혁교단의 교회개척 매뉴얼
URCNA 교단의 공식 문서를 통해 배우는 교회개척 원리와 실천

이 책은 북미연합개혁교회(URCNA)라는 개혁교단의 교회개척 매뉴얼로서, 교회개척의 첫걸음부터 그 마지막 단계까지 성경의 원리에 입각한 교회개척 방법을 가르쳐준다. 모든 신자는 함께 교회를 개척하여 그리스도의 나라를 확장해야 한다.

12. 9Marks 마크 데버, 그렉 길버트의 설교
설교의 개혁된 실천
마크 데버, 그렉 길버트 지음 | 이대은 옮김

1부에서는 설교에 대한 신학을, 2부에서는 설교에 대한 실천을 담고 있고, 3부는 설교 원고의 예를 담고 있다. 이 책은 신학적으로 탄탄한 배경 위에서 설교에 대해 가장 실천적으로 코칭하는 책이다.

13. 예배의 날
제4계명의 개혁된 실천
라이언 맥그로우 지음 | 조계광 옮김

제4계명은 십계명 중 하나로서 삶의 골간을 이루는 중요한 계명이다. 하나님의 뜻을 따르는 우리는 이를 모호하게 이해하고, 모호하게 실천하면 안 되며, 제대로 이해하고, 제대로 실천해야 한다. 이를 위해 우리는 이 계명의

참뜻을 신중하게 연구해야 한다. 이 책은 가장 분명한 논증을 통해 제4계명의 의미를 해석하고 밝혀준다. 하나님은 그날을 왜 제정하셨나? 그날은 얼마나 복된 날이며 무엇을 하면서 하나님의 복을 받는 날인가? 교회사에서 이 계명은 어떻게 이해되었고 어떤 학설이 있고 어느 관점이 성경적인가? 오늘날 우리는 이 계명을 어떻게 지킬 것인가?

14. 9Marks 힘든 곳의 지역 교회(가제, 근간)
가난하고 곤고한 곳에 교회가 어떻게 생명을 가져다 주는가
메즈 맥코넬, 마이크 맥킨리 지음 | 김태곤 옮김

이 책은 각각 브라질, 스코틀랜드, 미국 등의 빈궁한 지역에서 지역 교회 사역을 해 오고 있는 두 명의 저자가 그들의 실제 경험을 바탕으로 쓴 책이다. 이 책은 그런 지역에 가장 필요한 사역, 가장 효과적인 사역, 장기적인 변화를 가져오는 사역이 무엇인지 가르쳐준다. 힘든 곳에 사는 사람들을 긍휼히 여기는 마음이 있다면 꼭 참고할 만한 책이다.

15. 생기 넘치는 교회의 4가지 기초
건강한 교회 생활의 개혁된 실천
윌리엄 보에케스타인, 대니얼 하이드 공저

이 책은 두 명의 개혁과 목사가 교회에 대해 저술한 책이다. 이 책은 기존의 교회성장에 관한 책들과는 궤를 달리하며, 교회의 정체성, 권위, 일치, 활동 등 네 가지 영역에서 성경적 원칙이 확립되고 '질서가 잘 잡힌 교회'가 될 것을 촉구한다. 이 4가지 부분에서 성경적 실천이 조화롭게 형성되면 생기 넘치는 교회가 되기 위한 기초가 형성되는 셈이다. 이 네 영역 중 하나라도 잘못되고 무질서하면 그만큼 교회의 삶은 혼탁해지며 교회는 약해지게 된다.

16. 장로 직분 이해하기(가제, 근간)
모든 성도가 알아야 할 장로 직분
제럴드 벌고프, 레스터 데 코스터 공저

하나님은 복수의 장로를 통해 교회를 다스리신다. 복수의 장로가 자신의 역할을 잘 감당해야 교회 안에 하나님의 통치가 제대로 편만하게 미친다. 이 책은 그토록 중요한 장로 직분에 대한 성경의 가르침을 정리하여 제공한다. 이 책의 원칙에 의거하여 오늘날 교회 안에서 장로 후보들이 잘 양육되고 있고, 성경이 말하는 자격요건을 구비한 장로들이 성경적 원칙에 의거하여 선출되고, 장로들이 자신의 감독과 목양 책임을 잘 수행하고 있는가? 우리는 장로 직분을 바로 이해하고 새롭게 실천하여야 할 것이다. 이 책은 비단 장로만을 위한 책이 아니라 모든 성도를 위한 책이다. 성도는 장로를 선출하고 장로의 다스림에 복종하고 장로의 감독을 받고 장로를 위해 기도하고 장로의 직분 수행을 돕고 심지어 장로 직분을 사모해야 하기 때문에 장로 직분에 대한 깊은 이해가 필수적이다.

17. 집사 직분 이해하기(가제, 근간)
모든 성도가 알아야 할 집사 직분
제럴드 벌고프, 레스터 데 코스터 공저

하나님의 율법은 교회 안에서 곤핍한 자들, 외로운 자들, 정서적 필요를 가진 자들을 따뜻하고 자애롭게 돌볼 것을 명한다. 거룩한 공동체 안에 한 명도 소외된 자가 없도록 이러한 돌봄이 잘 이루어져야 한다. 이 일은 기본적으로 모든 성도가 힘써야 할 책무이지만 교회는 특별히 이 일에 책임을 지고 감당하도록 집사 직분을 세운다. 오늘날 율법의 명령이 잘 실천되어 교회 안에 사랑과 섬김의 손길이 구석구석 미치고 있는가? 우리는 집사 직분을 바로 이해하고 새롭게 실천하여야 할 것이다. 그것은 교회 공동체를 향한 하나님의 거룩한 뜻이다.

18. 건강한 교회의 실천사항들(가제, 근간)
생기 넘치는 교회 생활과 사역을 위한 성경적 전략
도날드 맥네어, 에스더 미크 공저, 브라이언 채플 서문
이 책은 미국 P&R 출판사에서 출간된 책으

로서, 교회라는 주제를 다룬다. 저자는 교회를 재활성화시키는 것을 돕는 컨설팅 분야에서 일하면서, 많은 교회의 문제점을 진단하고 개선을 유도하면서 교회들을 섬겼다. 교회 생활과 사역은 침체되어 있으면 안 되며 생기가 넘쳐야 한다. 저자는 탁상공론을 하지 않는다. 이 책에서 그는 교회의 관행과 관련된 여러 가지 실제적 문제점을 진단하고, 그 개선책을 제시하면서, 생기 넘치는 교회 생활과 사역을 위한 실천적 방법을 명쾌하게 예시한다. 그 방법은 인위적이지 않으며 성경에 근거한 지혜를 담고 있다.